AF232550

UNIVERSITÉ DE PARIS. — FACULTÉ DE DROIT

Contribution à l'étude du Jury

DE LA PARTICIPATION DU JURY

A

L'APPLICATION DE LA PEINE

« La source véritable et pre-
» mière des griefs lentement accu-
» mulés contre le jury, c'est la
» séparation aux mains de deux
» pouvoirs distincts, de la décision
» du fait et de l'application de la
» peine. »

Ch. Beudant.

THÈSE POUR LE DOCTORAT

(Sciences Juridiques)

L'acte public sur les matières ci-après

Sera soutenu le Jeudi 31 Mai 1900 à 8 h. 1|2

PAR

ANDRÉ BOUGON

AVOCAT A LA COUR D'APPEL

Président : M. SALEILLES.
Suffragants : { MM. LE POITTEVIN, BERTHÉLEMY, } *Professeurs.*

PARIS
LIBRAIRIE NOUVELLE DE DROIT ET DE JURISPRUDENCE
ARTHUR ROUSSEAU
ÉDITEUR
14, Rue Soufflot, et rue Toullier, 13

1900

THÈSE

POUR LE

DOCTORAT

Contribution à l'étude du Jury

DE LA PARTICIPATION DU JURY

A

L'APPLICATION DE LA PEINE

> « La source véritable et pre-
> » mière des griefs lentement accu-
> » mulés contre le jury, c'est la
> » séparation aux mains de deux
> » pouvoirs distincts, de la décision
> » du fait et de l'application de la
> » peine. »
>
> Ch. Beudant.

THÈSE POUR LE DOCTORAT

(Sciences Juridiques)

L'acte public sur les matières ci-après

Sera soutenu le Jeudi 31 Mai 1900 à 8 h. 1/2

PAR

ANDRÉ BOUGON

AVOCAT A LA COUR D'APPEL

Président : M. SALEILLES.

Suffragants : { MM. LE POITTEVIN, } *Professeurs.*
{ BERTHÉLEMY, }

PARIS

LIBRAIRIE NOUVELLE DE DROIT ET DE JURISPRUDENCE

ARTHUR ROUSSEAU

ÉDITEUR

14, Rue Soufflot, et rue Toullier, 13

1900

A LA MÉMOIRE

DE

MONSIEUR FÉLIX PILLON

PRÉSIDENT HONORAIRE DU TRIBUNAL DE MONTDIDIER

INDEX BIBLIOGRAPHIQUE

Beudant. — De l'indication de la loi pénale dans la discussion devant le Jury. —

Influence du criminel sur le civil. — *Revue critique 1864.*

Bourguignon. — Mémoire sur les moyens de perfectionner l'institution du Jury.

du Boys. — Projet de loi snr la suppression du Jury et sur son remplacement en Allemagne, par des tribunaux d'Échevins. — *Revue critique, 1864.*

Bufnoir. — Communication sur le Congrès des juristes allemands — *Bulletin de la Société de Législation comparée* ; mai 1872.

Bulletin de la Société Générale des Prisons. — Discussion et enquête sur les Peines non déshonorantes ; juin, juillet, décembre, 1896 et janvier 1897.

Discussion et enquête sur les Aliénés criminels ; mai, juin, juillet-août, décembre 1897.

Discussion sur les Sentences indéterminées ; mai, juin, 1899.

Discussion sur le Jury et l'Echevinage ; décembre 1899 et janvier 1900.

Chauveau. — Code pénal progressif.

Colombi. — De la révision du Code de Procédure pénale tessinois. — *Revue pénale suisse,* 1889.

III⁰ Congrès pénitentiaire international. — (Rome 1885). Actes du Congrès I, 3⁰ question.

V⁰ Congrès pénitentiaire international. — (Paris, 1895). Actes du Congrès II, 4⁰ question.

Constant. — Rapport à la Société Générale des Prisons sur les aliénés criminels. — *Bulletin,* mai 1897.

Cruppi. — La Cour d'Assises.

Rapport à la Société Générale des Prisons sur le Jury et l'Echevinage. — *Bulletin*, décembre 1899.

Demogue. — De la réparation civile des délits.

Dubarle. — Code d'Organisation judiciaire allemand. — Introduction.

Duros. — Le Jury correctionnel, le jury civil, le jury d'accusation. — Thèse, Paris, 1887,

Ferraris (Carlo). *I giurati e gli scabini nell ordinamento giudiziario germanico*. — *Archivio giuridico XI*.

Ferri (Enrico). — La Sociologie criminelle, trad. franç,
I nuovvi orrizonti del diritto e della procedura penale.

Foissin. — Essai sur l'histoire des institutions criminelles en Algérie. — Thése, Paris 1899.

Fournier. — Code de Procédure criminelle de l'Etat de New-York. — Introduction.

Franqueville (Cte de). — Le Jury en Angleterre ; ses origines. son organisation. — *Académie des Sciences morales et politiques*, 1890.

Garçon. — Rapport à la Société Générale des Prisons sur les Peines non déshonorantes. — *Bulletin ;* juin 1896.

Garofalo. — La Criminologie ; trad. franç.
Ripparazione alle vittime del delitto.

Gautier. — Deux projets. *Revue pénale suisse*, 1894.
Le procès Luccheni, *Revue pénale suisse*, 1898.

Glasson. — Histoire du droit et des institutions de l'Angleterre ; VI.

Grasserie (Raoul de la). — Origines, évolution et avenir du Jury. — *Revue Internationale de Sociologie*, 1897.

Guibaud. — Des aliénés criminels. — Thèse, Paris, 1898.

Halton. — Etude sur la procédure criminelle en Angleterre et en France. — Thèse, Paris, 1898.

van Hamel. — Rapport à la Société Générale des Prisons sur les sentences indéterminées. — *Bulletin*, mai 1899.

Jousse. — Traité de la Justice criminelle ; partie I.

Larcher et Olier. — Les institutions pénitentiaires de l'Algérie..

Lévy (Frédéric). — Des Sentences indéterminées. — Thèse Paris, 1896.

Von Liszt. — *Zeitschrift für die gesamte Strafrechtwissenschaft 1883.* — *Der Zweckgedanke im Strafrecht.*

A. Mittermaier. — Traité de la Procédure criminelle en Angleterre, en Ecosse et dans l'Amérique du Nord,

W. Mittermaier. — Le Jury et l'Échevinage. — *Bulletin de la Société Générale des Prisons*; février 1900.

Dr Motet. — Des aliénés criminels.

Muyart de Vouglans. — Institutes au droit criminel, — Partie I.

Paringault. — De l'indication de la peine dans la discussion devant le Jury. — *Revue critique,* 1861.

Pascaud. — La nouvelle organisation du Jury criminel à Genève. *Gazette des Tribunaux,* 1er et 2 avril 1891..

Picot. — Un projet de réforme du Jury. *Revue pénale suisse,* 1889. La nouvelle loi génevoise sur le jury. *Revue pénale suisse,* 1890. La nouvelle loi génevoise sur le Jury, dans son application. — *Revue pénale suisse.* 1893,

Prins. — Science pénale et droit positif.

Rosenfeld Ernst *und* Andreas Urbye. — *Entwurf eines allgemeinen bürgerlichen Strafgesetzbuches für das Kœnigreich Norwegen.*

Saleilles. — De l'individualisation de la peine.

Silvela (D. Manuel). — Le Jury criminel en Espagne.

Speyer. — Les vices de notre procédure en Cour d'Assises.

Stephens. — *The growth of trial by jury in England.* — *Harward law review.* Nov. 1896.

Sumien. — Essai sur la théorie de la responsabilité atténuée de certains criminels.

Tarde. — La philosophie pénale. Préface de de l'*Individualisation de la peine* de M. Saleilles.

Thayer (James Bradley). — *A preliminary treatise on evidence at the common law.*

Urbye (Andreas). — *Der norwegische Kriminalistenverein. — Mitteilungen der Internationalen Kriminalistischen Vereinigung.*
Des Sentences indéterminées dans le nouveau projet de Code pénal norwégien. *Revue pénale suisse,* 1898.

Vainberg. — Communication sur l'organisation du Jury en Autriche. — *Bulletin de la Société de Législation comparée ;* février 1875.

DE LA

PARTICIPATION DU JURY A L'APPLICATION DE LA PEINE

INTRODUCTION

LE JURY D'ASSISES

Il y a plus d'un siècle que la Révolution introduisit, en France, le principe du jury. Adopté avec enthousiasme, lors de son institution, considéré comme le palladium des libertés publiques, la garantie la plus sûre du bon fonctionnement de la justice, il n'a pas tardé à soulever les plus vives critiques. Après avoir proclamé que « le jury, c'était la liberté », on s'est demandé si l'ordre social n'exigeait pas impérieusement sa suppression. Depuis un siècle, on l'attaque, on s'efforce de le ridiculiser, on s'étend complaisamment sur ses défauts, ses vices même et cependant le législateur n'a jamais osé l'abolir.

Peu à peu, presque toutes les législations étrangères l'ont adopté et celles qui, ainsi que l'Autriche et l'Espagne, ont tenté de le supprimer, se sont empressées de le rétablir devant les impérieuses réclamations des populations tout entières. En France, où il est de mode de discréditer la justice populaire, où l'on restreint de plus en plus la compétence du jury, où le procédé aussi dangereux qu'étrange de la correctionnalisation se pratique ouvertement dans les parquets avec l'approbation des tribunaux, où enfin chaque jour, jurisconsultes et publicistes demandent l'abolition de cette juridiction « baroque » de la Cour d'Assises, les mêmes jurisconsultes et les mêmes publicistes se préoccupent d'introduire l'élément populaire dans les tribunaux correctionnels.

Pour qu'une institution, tout en provoquant d'aussi fréquentes et d'aussi violentes attaques, mérite cependant une pareille estime et trouve des défenseurs si convaincus non seulement dans l'Europe entière, mais encore dans le Nouveau-Monde, ne faut-il pas qu'elle présente à côté de défauts que nous n'essaierons pas de nier, un caractère si libéral et des qualités si nécessaires qu'on ne peut l'abolir sans ébranler les garanties constitutionnelles ?

Ce sont ces qualités que nous allons étudier rapidement. Nous verrons ensuite que la plupart des vices de la justice criminelle, tiennent bien moins au jury lui-même qu'au milieu factice et à la procédure étrange au milieu desquels nous l'avons placé.

§ 1. — **ry.**

Le jury présente sur la magistrature des avantages qu'on ne lui à jamais contestés.

Et tout d'abord, le magistrat est-il vraiment indépendant ? Délicate question dont la réponse nous est fournie par un magistrat lui-même : « Il l'est, en apparence dit M. de la Grasserie, car il est inamovible. Il ne l'est pas en réalité, car il ne peut avancer que s'il plaît. Il n'a donc qu'une demi-indépendance, c'est la vérité vraie. Il peut la compléter, et nul doute qu'il ne le fasse souvent, par son caractère individuel. Mais nous ne devons compter ici que ce qui résulte des institutions et non des personnes. Or, à ce point de vue, il dépend essentiellement en partie de ses chefs, en partie des hommes politiques, tantôt ceux du lieu, tantôt ceux du Parlement, quelquefois des deux...... Dès lors, que devient son indépendance réelle ? Dans la plupart des autres administrations, non dans toutes, l'avancement a lieu à l'ancienneté d'après des règles à peu près fixes; le magistrat ne peut en invoquer aucune (1). ». Le jury, lui, est indépendant, parcequ'il est anonyme. Ce n'est pas tel ou tel magistrat qui a prononcé la sentence, c'est le peuple représenté par douze citoyens dont la position sociale est d'ordinaire trop peu élevée pour ne pas se trouver hors des atteintes du Pouvoir. Le seul inconvénient que pourraient présenter à cet égard les juges populaires, ce serait d'être accessibles à la peur, ou à la corruption. M. Garofalo, M. Enrico Ferri et M. Silvela le leur ont assez reproché ! Mais chacun d'eux ne parlait que pour le jnry de son pays. Que les jurés italiens « se plaignent quand une ███████ ur a rien rapporté », que leurs délibération ███████ ées par la crainte des effroyables vengeances ██ sociétés secrètes telles que la *Cammora* napolitaine ou la *Maffia* sicilienne (1), que faut-il en conclure ? simplement ceci : que le jury n'est pas fait pour un pays où la justice est aussi pusillanime

(1) Raoul de la Grasserie, *Origines, évolution et avenir du jury*.

(2) L'affaire de la Banque de Sicile et de l'assassinat de Notarbartolo, qui vient de jeter une lumière nouvelle sur les crimes de la *Maffia,* est l'une des plus tristes pages de l'histoire politique et judiciaire du royaume d'Italie.

et aussi partiale. Heureusement, la France n'a jamais
connu ces hontes, ni ces craintes et cependant nos jurés
ont passé par de terribles angoisses. Lors des attentats
anarchistes, ils étaient exposés aux pires dangers et cependant on ne peut leur reprocher qu'une seule défaillance.
Dernièrement encore, dans une affaire banale mais dont
a qualité des accusés faisait une cause célèbre, on a pu
juger de l'indépendance du jury parisien, alors qu'un
public menaçant essayait de lui imposer un verdict
d'acquittement et hurlait dans le prétoire même du tribunal, des injures et des menaces. Ce sont de pareilles
épreuves qui jugent une institution.

Les jurés ont encore d'autres supériorités sur les magistrats de profession. Ces derniers, après quelque temps
d'exercice, finissent par montrer pour l'admission des
preuves une facilité des plus regrettables. Certes, nous
n'entendons point critiquer ici les membres de la magistrature pris individuellement, mais nous voulons montrer seulement les dangers de l'institution. Habitués à
voir passer devant leur tribunal, un grand nombre de
coupables, les juges professionnels finissent par ne plus
bien distinguer les innocents. C'est un défaut auxquels
bien peu de magistrats échappent et qu'ils sont les premiers à reconnaître. M. Ferri, l'un des plus ardents adversaires du jury ne faisait aucune difficulté à avouer cette
espèce de « polarisation des facultés des magistrats »,
dont l'une des plus déplorables conséquences a été l'abus
des courtes peines. Le jury, au contraire, exige, d'ordinaire, des preuves complètes et parfaitement claires de la
culpabilité d'un accusé. Il veut connaître les faits dans
leurs moindres détails et souvent il suffit d'un témoin,
même d'importance secondaire, qui ne lui paraît pas

digne de foi, pour entraîner un verdict d'acquittement.
On a dit plaisamment que le jury c'était « le commencement de la sagesse » pour les jeunes juges d'instruction, obligés d'apporter le plus grand soin à leurs enquêtes sous peine de se voir refuser une condamnation par un jury d'Assises. Quand ce ne serait là que la seule qualité des jurés, ne suffirait-elle pas à en démontrer la nécessité ?

Il y en a une autre qu'il ne faut pas oublier.

Les juges populaires par cela même que leurs fonctions sont de très courte durée, apportent au jugement des affaires criminelles une « fraîcheur d'impression » très remarquable. Avec leur bon sens, leur science de la vie pratique, ils jugent souvent plus humainement que ne le feraient des magistrats placés par leur profession un peu en dehors du milieu social et ne connaissant pas toujours bien les mœurs et les passions populaires.

Emané du peuple, le jury est la représentation de la conscience publique, ce qui lui permet, à la fois, et de réaliser le jugement de l'accusé par ses pairs, et d'être l'expression même des idées, des sentiments, de l'indignation ou de la pitié du peuple :

D'une part, il réalise le jugement par les pairs autant qu'il est possible de le faire, parce qu'il est toujours pris dans la classe moyenne : petits commerçants, rentiers. Sans doute ces hommes sont d'un niveau social supérieur à l'accusé. Pas beaucoup, cependant. Ils vivent très près de cette classe du peuple où se recrutent les neuf dixièmes des criminels, il en connaissent mieux les luttes, les souffrances, les entraînements, les excuses. C'est là une garantie de premier ordre pour les accusés : étant mieux compris, ils sont plus impartialement jugés.

Il y a bien des verdicts d'acquittement, incompréhensibles au premier abord, qui ne sont que l'expression de cette connaissance non du cœur humain mais de la vie sociale que possèdent les jurés d'Assises.

D'autre part, « puisque nous sommes enfin convaincus qu'il ne s'agit pas ici-bas et au point de vue social de rêver de justice absolue...., il faut que cette justice soit non pas celle.... qui jugerait d'après la conscience de l'individu et la somme de liberté dont il a pu jouir — nous savons que c'est une prétention ridicule qui n'aboutit qu'à des résultats lamentables ; la justice des hommes ne doit pas usurper la place de la justice divine — il faut que cette proportion soit, par conséquent, celle qui donnera satisfaction de la façon la plus complète et la plus impartiale à l'idée que le peuple se fait de la justice et aux conceptions idéales qu'il en peut avoir au sujet de l'affaire en cause ». (1) Seul, le jury peut satisfaire à cette nécessité. M. Saleilles l'avoue tout en reprochant vivement au jury d'être une justice capricieuse. M. Tarde, un de nos plus illustres adversaires, a dû l'admettre lui aussi. C'est une vérité indiscutable et nous en avons, tous les jours, des exemples. Croit-on qu'il était indifférent de remettre le jugement des crimes anarchistes aux mains de juges de profession ou de juges populaires ? N'y avait-il aucun avantage à ce que ce fût le jury qui se prononçât sur l'horreur qu'inspiraient l'assassinat du président Carnot et, plus récemment, l'épouvantable attentat qui a mis en deuil la Cour d'Autriche ? Il n'est pas sans intérêt de rappeler ici ces quelques mots que M. le professeur Gautier (qu'on ne

____

(1) Saleilles, *L'individualisation de la peine.*

saurait taxer de partialité pour le jury) écrivait au lendemain de la condamnation de Lucheni : « Les jurés n'ont pas plus ou mieux fait que n'eussent fait des juges, mais ils avaient été pris, au hasard, dans la masse et cette circonstance qui, d'ordinaire, met leur juridiction en état d'infériorité, cette origine populaire augmentait la portée du jugement rendu par eux. Le tribunal ne représentait pas la seule caste des juristes, il reflétait l'opinion nationale et son verdict sans faiblesse a mis en évidence la répulsion de tout un peuple envers l'auteur de l'attentat. » (1).

Enfin, le jury présente un avantage plus important encore. C'est à lui, en effet, qu'appartient le pouvoir de mettre la législation criminelle au courant des mœurs et des progrès de la civilisation. Organe de la conscience publique, il est la « pierre de touche » de l'opinion et c'est sur ses décisions qu'on se rend compte des variations des idées, des modifications que chaque époque apporte à la façon d'envisager « la gravité sociale de chaque infraction ». Il faut reconnaître qu'il n'a pas failli à son rôle. C'est grâce à lui, grâce à ses acquittements qui étaient autant de protestations violentes contre la sévérité excessive des peines, qu'on doit les réformes que l'humanité et la justice introduisent chaque jour dans les lois pénales. C'est lui qui a fait abaisser la peine de la fausse monnaie dont les résultats pratiques ne méritent certainement pas le châtiment suprême. C'est encore lui qui proteste tous les jours contre la peine excessive de l'infanticide en se refusant à rendre un verdict affirmatif plutôt que de condamner à mort,

(1) Gautier, *Le Procès Lucheni*. Revue pénale suisse. 1898.

ou même à la réclusion une femme plus faible que criminelle et dont la responsabilité est souvent presque annihilée. C'est en présence de cette indulgence du jury que le législateur de 1824 fut obligé d'admettre les circonstances atténuantes pour l'infanticide alors que cependant ce crime soulevait encore une question religieuse (1); c'est pour les mêmes raisons que la plupart des législations étrangères ont considérablement réduit la peine de ce crime et que la nôtre ne tardera pas à suivre leur exemple. En un mot, c'est au jury qu'on doit ce principe de pitié qui, de plus en plus, tend à devenir la base des lois pénales de l'avenir.

Si telles sont les qualités du jury, nous ne prétendons pas qu'on ne puisse lui reprocher des défauts. C'est le propre de toute institution humaine de ne pouvoir atteindre la perfection.

§ 2. — Défauts du Jury.

On a beaucoup reproché au jury son ignorance et il n'est sorte de plaisanteries qu'on n'ait faites sur ce point. Nous croyons qu'il y a ici quelque exagération. Ce n'est pas la science qu'on demande au juré, c'est le bon sens : ce qui est tout différent. Sans doute, des modifications pourraient être apportées à la confection des listes mais, à notre avis, ce n'est pas là que serait la réforme la plus nécessaire. Comme l'a fort bien dit M. Speyer : « Des savants sont parfois affligés dans les

---

(1) C'est la même question religieuse qu'on retrouve dans l'Édit de Henri II de 1556, confirmé par celui de 1585 et la Déclaration royale de 1708 : « Se trouve l'enfant avoir été privé tant du Saint-Sacrement de Baptême que sépulture publique et accoutumée. »

affaires ordinaires d'un esprit paradoxal et d'un manque absolu de sens pratique, tandis que des hommes de condition moyenne font souvent preuve dans les mêmes circonstances d'un esprit fort judicieux (1). »

Mais il y a un autre défaut bien plus grave qui tient non à la constitution mais à la nature même du jury et que, par conséquent, on ne peut modifier :

Comme tous les inexpérimentés, les jurés sont essentiellement impressionnables et partant quelquefois injustes. Cette injustice se manifeste de deux manières différentes : ou bien, n'envisageant que le crime, ils oublient totalement que c'est un homme, non un fait, qu'ils ont à juger; ou bien n'envisageant que le criminel, ils ne tiennent aucun compte du trouble social causé par le fait délictueux.

Il arrive parfois que les jurés se trouvent en quelque sorte, juge et partie au procès. Cela se présente toutes les fois où le crime commis les menace plus ou moins directement. Dans ce cas, ils sont tellement effrayés des conséquences qu'aurait pu avoir l'acte s'il avait été perpétré à leur préjudice que la répression est quelquefois plus sévère que le Ministère public ne la réclamait. Il y a là un mouvement un peu égoïste, une mesure de défense individuelle bien plus que de défense sociale, qui leur fait préférer, sans qu'ils s'en rendent bien compte eux-mêmes, l'intimidation à l'individualisation. C'est ainsi que les jurés parisiens (et d'une façon générale, ceux des grandes villes) sont, d'ordinaire impitoyables pour les caissiers infidèles. Ceux-ci dont le salaire est souvent minime, la situation précaire, qui

(1) **Speyer**, *Des vices de notre procédure en Cour d'assises.*

sont exposés à la tentation continuelle de s'approprier un peu de tout cet or qu'ils manient chaque jour, ne semblent pas indignes d'intérêt quand c'est leur première faute. Mais, les jurés, presque tous commerçants, ayant presque tous des comptables ou des employés, se montrent sans pitié, dans la crainte qu'un vol semblable ne soit commis chez eux.

D'un autre côté, il est très vrai que le jury est trop souvent d'une indulgence excessive pour certains crimes qu'il croit volontier excusés et même légitimés par la passion, (d'où leur nom de crimes passionnels). Ce n'est pas ici le lieu d'exposer ni de discuter cette théorie.

Disons seulement que pendant quelques années on à vu le vitriol et le révolver employés presque quotidiennement par des personnes qui, sous prétexte de venger un honneur, trop peu défendu, s'en servaient pour de viles rancunes, voire des chantages. La théorie du crime-passionnel a causé à ce moment d'effrayants attentats. Le jury voit trop facilement dans toute femme qui défigure son amant, une fille séduite ; dans tout homme qui tue sa maîtresse, un justicier. Il y à là des excès malheureusement incontestables. Mais, il ne faut pas oublier que les jurés commencent à s'apercevoir de leur erreur. Il est permis de croire qu'on abandonnera avant qu'il soit longtemps les brillants paradoxes d'Alexandre Dumas qui, répandus à profusion dans les feuilletons, dans les livres, dans les drames, avaient séduit l'opinion qui n'en comprenait pas les dangers.

L'impressionnabilité du jury est un grand mal, c'est le principal défaut de l'institution ; mais nous croyons que c'en est le *seul*, et qui ne faut pas mettre sur le compte des jurés les fautes de législation, d'organisation et de

procédure qui sont imputables au seul législateur. C'est
là une vérité qu'on a trop peu comprise et que nous
nous efforcerons de démontrer.

La plupart des reproches qu'on adresse au jury tiennent
à un ensemble de circonstances tout objectives qui ne
dépendent de lui en rien, mais dont il subit fatalement la
déplorable influence. « Dès qu'il est question de la Cour
d'Assises, écrit M. Cruppi dans l'étude remarquable qu'il
a consacrée à la justice criminelle en France, neuf fois
sur dix il n'est question que du jury. L'opinion s'obstine
à ne voir que lui dans l'organisation judiciaire. Qu'on
songe à telle ou telle affaire, le « verdict » a été « excellent » ou « stupide », le jury a bien ou mal rempli sa
tâche, il a été « la conscience de la nation » ou « au-
dessous de tout ». Mais, il semble que lui seul a tout
fait, qu'il est la Cour d'Assises elle-même et que c'est
à lui qu'il convient de rapporter la responsabilité totale
des arrêts. Cette opinion repose sur une erreur fondamentale qui en fait tous les jours commettre bien
d'autres. A la Cour d'Assises tout dépend du verdict, sans
doute, mais le verdict n'est pas un phénomène de génération
spontanée. Il est « déterminé » par le jeu complexe des
organes dont le législateur a déterminé le concours et
dont l'ensemble constitue la « juridiction ». Le jury
n'est lui-même qu'un des rouages de la machine dont
l'arrêt de condamnation ou l'ordonnance d'aquittement
constitue le « produit (1) ».

A la cour d'Assises on trouve deux de ces causes dé-
terminantes des décisions du jury : l'Audience et la
Procédure. L'une et l'autre, encore une fois, sont indé-

(1) Jean Cruppi, *la Cour d Assises*.

pendantes des jurés, elles n'en influent pas moins sur le verdict d'une façon considérable. C'est à elles qu'il faut s'en prendre des acquittements, dits « scandaleux » dont on fait autant de griefs à l'institution du jury. Ce n'est pas le principe qui est mauvais, c'est sa mise en pratique qui est vicieuse.

Quand nous parlons de l'Audience, nous entendons non seulement les débats, mais encore ce qui, malheureusement, les précède pour peu que l'affaire soit sensationnelle : la campagne de presse. La presse qu'on nomme volontiers l' « organe » de l'opinion dont elle est, en réalité, la directrice, a pris l'habitude de dicter à l'avance aux jurés le verdict qu'ils auront à rendre et il est rare qu'ils lui désobéissent ; lorsqu'ils arrivent au Palais, déjà leur opinion est faite, le jugement rendu. Dès l'ouverture des débats, c'est une succession d'incidents et de détails compliqués qui sont bien faits pour détourner l'attention de juges populaires du véritable but du procès dont ils modifient le « centre de gravité ».

L'aspect théâtral de la Cour d'Assises, l'atmosphère factice qu'on y respire, l'interrogatoire souvent peu impartial du président, les coups de théâtre (assez fréquents au cours des témoignages), les emportements de l'accusé, la discussion déviant sans cesse de la route droite, s'écartant continuellement des faits pour faire le procès d'une grande administration aussi bien que d'une doctrine philosophique et souvent de la Société elle-même : voilà autant de causes de trouble pour les jurés qui finissent par ne plus comprendre ce qu'on exige d'eux. Puis, une fois rentrés dans la chambre des délibérations, ils se trouvent en face de nouvelles solemnités, de complications inextricables résultant du questionnaire, de fictions légales qui leur échappent, de distinctions si subtiles qu'elles en deviennent parfois ridicules. Si l'on joint à tout celà les manifestations d'un public houleux qui hurle ou qui trépigne et qui prétend imposer ses sentiments aux juges du procès, il est bien difficile de rendre les jurés responsables d'un état de choses dont le législateur n'a pas tenu compte ou qu'il a mal réglé.

Mais, il y a quelque chose de plus déplorable encore que ces énervements de l'audience, c'est l'inconséquence de la Procédure. On convie les jurés à statuer sur un crime mais on leur refuse le droit de statuer sur le sort du criminel, ou plutôt on ne le leur permet qu'à demi. Les jurés se croient des juges ; la loi leur refusant un droit qui leur paraît la conséquence naturelle et nécessaire de leurs fonctions, ils s'insurgent contre la loi et acquittent parcequ'on ne leur a pas permis de graduer la peine Et la justice criminelle assiste impuissante à la violation de la loi, au bouleversement de tous les principes, à l'impunité, presque à la justification des crimes les plus graves. On s'indigne, on en rejette la faute sur le jury alors que tout le mal vient d'une fatale illusion du législateur.

C'est ce point, qui constitue le fondement de la procédure d'Assises que nous allons étudier ; c'est ce problème, qui est pour l'institution du jury une question vitale, dont nous chercherons la solution.

CHAPITRE PREMIER

LA THÉORIE PRIMITIVE : SÉPARATION ABSOLUE DES ATTRIBUTIONS DE LA COUR ET DU JURY

SECTION I

Première période : 1791 à 1808

Si l'on veut bien comprendre pour quels motifs le jury fut institué en France, à quels besoins il répondait et enfin quelle est la cause de l'organisation primitive de ses attributions, il est nécessaire de jeter un coup d'œil sur le droit pénal de la fin du siècle dernier. C'est, en effet, à cette réaction violente contre les abus de l'Ancien Régime qu'on doit et la philosophie pénale et la procédure criminelle de l'époque intermédiaire.

§ 1. *L'Ancien droit et la Révolution.*

Ce qu'il ne faut pas perdre de vue quand on étudie notre ancien droit pénal, c'est que, jusqu'en 1789 il fut dominé par une idée religieuse dont il ne se dégagea jamais.

« Le crime n'était pas seulement, comme on tend à le représenter aujourd'hui, un acte nuisible ou le produit d'impulsions maladives, c'était le pêché, c'est-à-dire le mal suprême, la plus grande offense que la créature révoltée puisse faire à son Créateur... C'est pour cela que, spiritualisant en quelque sorte la procédure, on la continuait même après la mort du coupable ; la peine était une sorte de satisfaction donnée par avance au Tribunal suprême (1) ». C'est de ce principe que découlait la théorie kantienne de l'expiation qui répondait parfaitement à la doctrine de l'Eglise : le rachat de l'âme par la pénitence dans le sens le plus large du mot. La souffrance était une sorte de pénitence à la condition qu'elle fût supportée chrétiennement « de telle sorte que plus le châtiment était cruel, plus il donnait au condamné l'espoir d'échapper à la damnation ». C'est ce qui explique ce raffinement des tortures qui accompagnaient chaque exécution. Voilà aussi pourquoi, en partant de ce principe que la peine était un « bien », on en était arrivé tout naturellement à laisser au juge un pouvoir discrétionnaire.

La peine était arbitraire.

« C'est une maxime générale parmi nous, disait Muyart de Vouglans, que les peines sont arbitraires en ce royaume; non pas à la vérité que le juge ait la liberté de condamner ou d'absoudre à son gré, mais il doit régler son jugement suivant l'exigence des cas, c'est-à-dire tempérer ou augmenter les peines suivant la nature *du crime et des preuves* (2) ». Sans doute, toutes les peines n'étaient pas absolument laissées à l'arbitraire du juge. Sans parler de celles qu'avaient établies les Ordonnances royales, il y avait celles qu'avait consacrées une jurisprudence constante (3). Mais, même pour celles-là, le juge disposait d'un pouvoir d'aggravation et d'atténuation qui n'avait de limites que « sa prudence ».

Le juge jouissait donc d'un pouvoir considérable. Les

---

(1) A. Guillot : *Paris qui souffre, Les Prisons de Paris.*
(2) Muyart de Vouglans : *Institutes au droit criminel*, I, 4.
3) Cf. Jousse : *Traité de la justice criminelle*, I. 3, 1.

Ordonnances royales étant fort peu nombreuses, c'était lui qui qualifiait le crime et qui, quelquefois, inventait la peine.

Il serait injuste de dire que l'idée de défense sociale ne jouait aucun rôle dans l'ancien droit pénal : l'introduction en France du supplice de la roue contre les vagabonds et l'institution de la Chambre ardente en sont les terribles preuves. Mais c'était avant tout sur le principe de l'expiation qu'était basée la philosophie criminelle. Il en résultait que le juge ne se préoccupait que du crime envisagé au point de vue de son immoralité. Quant au criminel, il était supposé toujours responsable et on le négligeait ou plutôt on estimait qu'à l'identité de responsabilité devait correspondre l'identité d'expiation. On ne se livrait donc à aucune recherche sur les antécédents, la moralité, la nature de l'individu, mais on cherchait avec soin le fait et toutes les circonstances objectives qui en aggravaient la culpabilité.

La procédure criminelle était la conséquence logique d'un pareil système. Réglée par l'Ordonnance de 1670, elle était bien l'application de cette philosophie pénale qui ne tenait compte ni de la liberté, ni de la dignité humaines et qui voulait que le coupable souffrît dans son corps pour que le remords entrât dans son âme. Ici encore c'est l'idée de faute qui domine tout, c'est le crime qu'on poursuit en poursuivant le criminel. Enfermé et mis au secret le plus rigoureux dès le moment de son arrestation, l'accusé ignorait souvent le crime dont on l'accusait mais il savait que, dans la pièce voisine, s'instruisait son procès. Puis soudain, il voyait se dresser contre lui le monument formidable de l'accusation composé de témoignages qu'il n'avait pas pu discuter et qu'il

ne pouvait plus combattre. Lorsqu'enfin l'accusé était traduit devant un tribunal, il n'avait pas le droit, au grand
criminel, d'être assisté d'un conseil. Sa comparution
devant ses juges ne servait guère, du reste, qu'à lui
faire connaître la sentence qui le frappait. L'administration des preuves, en effet, était faite depuis longtemps.

La culpabilité d'un accusé était prouvée de deux manières : par les témoignages et par l'aveu. Les témoignages
étaient alors soumis au régime de la preuve légale et ce
système (qui a donné cependant, depuis, d'assez bons
résultats à l'étranger), était la source de tous les abus
et soulevait d'unanimes protestations. Mais, la preuve
par excellence, c'était l'aveu de l'accusé. Il ne paraît pas
(hélas !) que nous ayons fait grand progrès en cette matière,
depuis le siècle dernier. L'aveu c'était alors, l'expression
du remords, la confession du crime, c'était le premier
pas dans la voie de l'expiation. L'accusé était-il exténué
par une longue détention, terrorisé par les menaces ? Peu
importait. Il avait reconnu son crime, donc il était coupable. On avait inventé deux procédés qui permettaient
d'obtenir les aveux des accusés les plus indomptables ; l'un,
reproduction d'une institution fort ancienne : le serment,
mais le serment imposé à l'accusé ; l'autre aussi injuste mais
plus barbare qui servait de pivot à toute la procédure
criminelle et dont presque tous les jurisconsultes les
plus célèbres, les magistrats les plus éminents, ne parlaient
qu'avec éloges : la question.

C'est dans la seconde moitié du XVIIIᵉ siècle que ces
vices de la procédure pénale furent flétris au nom de
l'humanité et de la justice par les philosophes d'abord,
par quelques magistrats ensuite. Mais ces derniers ne
furent jamais qu'en petit nombre et lorsque furent rendus

les Edits de Louis XVI, on put s'apercevoir du mécontentement des Parlements et de la mauvaise volonté avec laquelle ils appliquaient des réformes qui, à leur sentiment, énervaient la répression.

Nous ne voudrions pas être accusés de méconnaître l'élévation des idées qui servaient de base à notre ancien droit criminel, ni la sincérité avec laquelle elles furent appliquées. Mais nous croyons que le principal défaut de cette philosophie pénale fut de faire d'un dogme religieux le fondement d'une législation positive. Elle avait confondu « la responsabilité individuelle qui est purement morale ou religieuse avec la responsabilité sociale laquelle n'est engagée que dans la mesure où la société a prise sur la liberté individuelle » (1) c'est-à-dire lorsque le fait délictueux nuit à la collectivité. Quoique présentant les plus grands dangers pratiques, le principe des peines arbitraires n'était pas absolument mauvais, en lui-même, car on aurait pu s'en servir pour appliquer la peine selon la nature de chaque criminel pris individuellement. Mais, au contraire, ce système n'avait jamais été employé qu'en vue de l'expiation du crime considéré comme péché.

Quant à la procédure criminelle, pour laquelle, laisser échapper un coupable était un plus grand mal que condamner un innocent, elle était le corollaire logique du droit pénal. Ses principaux vices étaient d'être secrète et d'être écrite et c'était assez pour condamner l'institution. Elle en était restée aux pratiques atroces d'une barbarie d'un autre âge et le jour vint où il fallut bien s'apercevoir que les mœurs exigeaient d'autres procédés,

(1). Saleilles, *op. cit.*

les citoyens d'autres garanties. Ce jour-là, on hésita, on se refusa à reconnaître des erreurs séculaires et sous la tempête révolutionnaire, tout l'antique édifice s'écroula.

Depuis longtemps des philosophes, comme Voltaire, des criminalistes comme Beccaria, avaient attaqué la théorie de l'expiation et en avaient signalé les dangers. Pour eux, le fondement du droit de punir, c'était l'obligation pour la société de veiller à sa propre conservation, en éliminant ceux de ses membres qui troublent l'ordre et sont un danger pour la collectivité. Ce n'est donc pas sur la gravité intrinsèque de la faute qu'il faut mesurer le châtiment mais bien sur l'utilité de la répression, d'où le nom d'« utilitarisme » qu'on emploie pour désigner le système. Cette théorie trop connue pour que nous la développions ici avait, lors de la Révolution, de si nombreux partisans, elle s'adaptait si bien aux idées politiques des députés des États-Généraux qu'il est tout naturel que ceux-ci l'aient prise pour base du nouveau droit pénal. Nous verrons plus loin quels en furent les résultats.

Après avoir inscrit le mot « liberté » en tête de leur programme, les députés songèrent à entourer cette liberté de telles garanties qu'il fut impossible d'y porter atteinte. Ils se préoccupèrent donc, avant tout, d'abolir l'arbitraire judiciaire aussi bien dans le droit que dans la procédure.

Nous avons vu que dans l'ancien droit, le juge jouissait de deux pouvoirs considérables. D'une part c'était à lui qu'il appartenait de statuer sur la quotité de la peine dans les limites que lui fixait sa conscience. D'autre part, il était le maître de l'incrimination des faits non prévus par les Ordonnances et avait le droit de leur appliquer telle peine qu'il jugeait convenable. La Déclaration des Droits de l'homme visa l'un et l'autre cas pour les prohiber. Elle portait, en effet, que « tout fait ne peut être puni que par la peine fixée par la loi » et que « nul ne peut être puni qu'en vertu d'une loi établie et promulguée antérieurement au délit ».

A la peine arbitraire elle substituait la peine légale, mais aussi la peine fixe.

Désormais, la loi devait prévoir non seulement tous les crimes, mais toutes leurs variétés, « classer les infractions dans un ordre méthodique, les subdiviser et les atteindre dans leurs nuances les plus fugitives ». Le juge se bornant à rechercher dans les textes la peine portée par la loi n'avait qu'à faire application à tel ou tel crime du taux fixé à l'avance. Il ne remplissait plus qu'une fonction mécanique. Dès que les faits étaient prouvés, il n'avait plus rien à discuter ni à apprécier; la loi « jugeant » pour lui, il ne lui fallait « que des yeux ». C'est ce qui semblait alors l'idéal de la justice criminelle.

Quant à la nouvelle procédure, elle fut dominée par le principe de la séparation des pouvoirs, idée séduisante et qui était en grand honneur auprès des députés des Etats-Généraux. On croyait par ce moyen « limiter le pouvoir en divisant son action », c'est-à-dire prévenir tous les abus, empêcher toutes les erreurs judiciaires et surtout protéger contre eux-mêmes les fonctionnaires de l'Etat. On tourna, tout naturellement, les yeux vers l'Angleterre. Il était à la mode d'essayer d'adopter, en France les institutions de nos voisins d'Outre-Manche. On venait de leur emprunter leur régime constitutionnel, on tenta de leur emprunter aussi leurs garanties judiciaires. C'est ainsi que s'introduisit, chez nous, la participation des simples citoyens à la justice criminelle. Adopté avec enthousiasme par les Etats-Généraux, le principe en fut proclamé par le décret du 30 avril 1790.

De même qu'elle avait institué des peines fixes pour combattre l'arbitraire du juge, de même la Révolution établit, en France, le jury pour réagir contre la procédure secrète. Elle créa ainsi une forme très remarquable du « concours civique » — que malheureusement nous n'avons pas su conserver — en invitant les citoyens à participer au jugement du procès pénal, dès l'ouverture de ce procès, c'est-à-dire dès le début de l'instruction. Jury d'accusation, jury de jugement, telle fut désormais l'organisation de la justice criminelle.

C'est le jury de jugement que nous allons étudier.

§ 2. *Le jury sous le Droit Intermédiaire.*

Une fois l'institution admise, la question se posait de savoir de quelle façon on allait l'organiser. Il semble bien qu'on n'y ait pas songé tout d'abord; mais lorsqu'on s'en occupa, on s'aperçut des difficultés que présente l'organisation, en quelques jours, d'un système complet de procédure. Puisqu'on avait emprunté le principe du jury à l'Angleterre, il était naturel d'en imiter le fonctionnement : celui-ci avait enthousiasmé les Français qui l'avaient étudié et qui, pour l'avoir vu quelquefois, s'imaginaient le connaître.

Néanmoins, une imitation complète du système anglais n'était pas possible en France. Les Assises anglaises se composent de douze jurés présidés et dirigés

par un magistrat unique qu'on appelle pompeusement :
la Cour. Le juge unique, c'était le cauchemar des législateurs français qui y voyaient la source de cet arbitraire qu'ils s'efforçaient d'extirper de toute l'organisation judiciaire. On adjoignit donc au président deux magistrats-assesseurs mais on eut soin de ne pas diminuer le nombre (cependant excessif) des jurés d'Angleterre. Le chiffre « douze » exerçait alors une fascination dont nous ne sommes pas encore parvenus aujourd'hui à nous débarrasser complètement. Le tribunal criminel se trouva ainsi composé de quinze membres : trois juges professionnels et douze populaires.

Restait à régler les rôles respectifs de ces deux éléments judiciaires. On comprit fort bien que c'était là le point le plus délicat de la nouvelle institution. Aussi, n'est-il pas étonnant de voir le législateur, se gardant bien de tenter une innovation peut-être dangereuse, comme celle que proposait Sieyès, adopter le projet de Duport qui semblait avoir presque calqué la procédure anglaise. Malheureusement, il arriva que tout le monde ignorait le principe fondamental qui, depuis plus d'un siècle, réglait les attributions du jury anglais. « Nous avons voulu parfois copier l'étranger, mais sans le bien connaître et d'ordinaire en nous oubliant nous-mêmes. Il ne suffit pas de planter dans le sol une plante exotique pour qu'elle y prenne racine (1) ». Cette appréciation de M. Casimir-Périer sur l'importation, en France, des institutions politiques d'Angleterre, peut s'appliquer tout particu-

____

(1) Casimir-Périer : *Préface du Gouvernement parlementaire de l'Angleterre*, par Walpole, trad. de Todd.

lièrement au jury tel que l'organisa la constitution de septembre 1791.

En Angleterre, le juge demande au jury de décider si l'accusé est coupable du fait. Il se réserve de statuer ensuite sur la peine. Mais c'est aussi au jury qu'il appartient de déclarer quelle est *la qualification légale du fait* et deux conséquences en résultent :

D'une part, le jury statue à la fois sur le fait et sur le droit ;

D'autre part, il statue indirectement sur la peine, car, pouvant toujours déclarer l'accusé coupable d'un crime moindre, il arrive souvent qu'il change le crime en délit pour cette seule raison que la peine du premier lui paraît trop sévère.

Nous étudierons plus loin et en détail ces deux particularités du jury anglais qui, du reste, ne suffisent pas à constituer une procédure satisfaisante et qui donnent lieu, parfois, à des acquittements injustifiables. Nous remarquerons seulement. que la Constitution de 1791 les ignora l'une et l'autre et s'imagina que les jurés anglais n'étaient appelés à statuer que sur la matérialité des faits, les questions de droit et de peine restant entièrement à la Cour. Elle crut donc imiter fidèlement l'institution anglaise en scindant chaque affaire criminelle en deux parties absolument distinctes.

Tout procès pénal donne lieu à la solution des quatre questions suivantes :

Matérialité : Tel fait est-il constant ? — L'accusé en est-il l'auteur ?

Culpabilité : L'accusé en est-il l'auteur coupable ?

Criminalité : Par quelle loi le fait est-il puni ?

Pénalité : Quelle est la peine applicable ?

Le législateur confia les deux premières questions au
jury, mais réserva les deux dernières à la Cour. C'est
ainsi qu'il réalisa la célèbre et paradoxale distinction
entre le « fait » et le « droit » que la Constitution du 3
septembre 1791 consacra en ces termes : « Après l'accusation admise, le fait sera reconnu et déclaré par les
jurés, l'application de la loi sera faite par les juges. »

Le législateur arrivait ainsi à introduire en matière
criminelle le principe de la séparation des pouvoirs dont
nous parlions et qu'on considérait alors comme la sauvegarde des libertés publiques. En remettant à deux
magistratures différentes — et pour tout dire : opposées — la solution du procès pénal, on prévenait
l'arbitraire et le despotisme et on limitait l'autorité
des fonctionnaires par celle qu'on accordait aux citoyens : « Il
est dangereux, disait Chabraux, que les mêmes hommes
disposent des preuves et des jugements ». Telle est l'idée
sur laquelle fut réglé le rôle du jury d'Assises par la
loi d'organisation judiciaire du 16-29 septembre 1791.

La Révolution eut souvent cette présomption d'établir
des institutions parfaites et des juridictions infaillibles.
Elle s'imagina qu'en réglant minutieusement les rôles
de chacun elle arriverait nécessairement à la vérité et
préviendrait les erreurs judiciaires.

Il faut remarquer que cette séparation des attributions
judiciaires de la Cour et du jury concordait parfaitement
avec le droit pénal de l'époque qui était basé, nous
l'avons dit, sur un système de peines fixées *a priori* par
la loi pour chaque cas en particulier.

Pour la Constituante, le jury c'était, sous une forme
plus moderne, l'antique « jugement de Dieu ». Elle le
considérait comme parfaitement incapable de statuer sur

le droit et sur la peine, mais au contraire, elle s'imaginait assez naïvement qu'il lui était impossible de se tromper dans l'appréciation des preuves, le jugement du fait.

D'un côté, les jurés affirmaient ou niaient le fait délictueux avec ses diverses modalités puis en désignaient l'auteur coupable aux agents du pouvoir : aux magistrats.

D'autre part, les juges de profession recherchaient l'article de loi qui punissait le fait ainsi déterminé et frappaient son auteur avec cette précision automatique qu'on croyait alors être le grand avantage et que nous considérons maintenant comme le grand inconvénient de la peine fixe.

Le système était simple et il offrait l'attrait d'un procédé mathématique. Duport l'appréciait ainsi : « Le jugement d'un procès, disait-il, n'est autre chose qu'un syllogisme ; la majeure est le fait, la mineure est la loi et le jugement la conséquence. Quel homme est assez déraisonnable pour raisonner quand on lui nie sa majeure ? ».

Le Code du 3 brumaire de l'an IV n'apporte aucune modification à la théorie primitive. On l'a appelé « un chef d'œuvre de logique » et il faut reconnaître qu'il mérita ce nom en poussant jusqu'à leurs extrêmes conséquences les principes de la loi de 1791. Les jurés n'ayant à statuer que sur le fait, il en arriva tout naturellement à leur interdire de la façon la plus formelle de penser aux conséquences de leur verdict. Pas plus que les magistrats, les jurés ne peuvent discuter la loi pénale et se permettre d'en apprécier les dispositions. Quelle que soit la peine portée par le législateur, le crime n'est pas moins constant. Voulant élever une

barrière infranchissable entre le fait délictueux et sa
sanction, le Code de brumaire, dans son article 372 (*in
fine*), prescrivait que : « Ce qu'il est bien essentiel de ne
pas perdre de vue c'est que toute la délibération du jury
porte sur l'acte d'accusation. C'est aux faits qui le constituent et qui en dépendent que les jurés doivent
uniquement s'attacher et ils manquent à leur premier
devoir lorsque, pensant aux dispositions des lois pénales,
ils considèrent les suites que pourra avoir, par rapport
à l'accusé, la déclaration qu'ils ont à faire. Leur mission
n'a pas pour objet la poursuite ni la punition des délits ;
ils ne sont appelés que pour décider si l'accusé est ou
non coupable du crime qu'on lui impute ».

Nous n'avons pas cru inutile de transcrire ce texte en
entier. Outre qu'il contient un résumé complet du
système, c'est lui qui régit, encore aujourd'hui, les
attributions respectives de la Cour et du jury. En effet,
malgré toutes les réformes, malgré la loi de 1832 qui l'a
virtuellement abrogé, cet article 372, qui a passé tex-
tuellement dans notre Code d'Instruction Criminelle,
reste comme une dernière épave du principe primitif
dont nous n'avons pu nous débarrasser encore entièrement bien que nous en ayons, depuis longtemps,
remarqué l'inconséquence.

Mais, tout en refusant expressément au jury la
connaissance et l'appréciation de la loi, le code de
brumaire contenait une disposition assez obscure qu'on
interpréta tout d'abord d'une façon curieuse. Il n'est pas
sans intérêt de l'étudier.

D'après l'article 646, lorsque, pour tout crime autre
que le meurtre, le jury déclarait prouvé « le fait
d'excuse proposé par l'accusé », le tribunal réduisait la

peine établie par la loi « à une punition correctionnelle qui, en aucun cas, ne peut excéder deux années d'emprisonnement ». Cet article donna lieu à une double interprétation. Selon les uns, il signifiait l'extension à tous les faits qualifiés crimes, de l'excuse de provocation que la loi de 1791 consacrait seulement pour le meurtre. Selon les autres, « il avait voulu créer un moyen général de réduction éventuelle des peines, en autorisant à prendre en considération tel fait d'excuse qu'aurait allégué l'accusé, dès que le jury, libre à cet égard dans son appréciation l'aurait jugé acceptable (1) ». Le tribunal de cassation avait d'abord admis cette seconde manière de voir. C'était consacrer la doctrine moderne de l'atténuation générale et facultative pour le jury; c'était conduire celui-ci, à bref délai, à oublier le crime pour ne plus s'occuper que du criminel et, par conséquent à atténuer le fait pour diminuer la peine. Mais la contradiction était si frappante entre cette jurisprudence et le système consacré par le code tout entier que le tribunal de cassation ne tarda pas à répudier la seconde interprétation de l'article 646, pour se rallier à la première qui fut définitivement admise par la législation impériale. Cette jurisprudence primitive du tribunal suprême allait servir, quelques années plus tard, à trouver dans la théorie des circonstances atténuantes le moyen d'introduire dans la procédure criminelle une réforme qui devait singulièrement modifier le rôle et les pouvoirs du jury d'assises.

La loi de 1791 avait réglé la manière dont les jurés

(1) Beudant : *De l'indication de la loi pénale dans la discussion devant le jury.*

feraient connaître leur verdict aux magistrats et elle avait complètement abandonné, sur ce point, le système anglais. Comme nous le verrons en étudiant les attributions du jury en Angleterre, dès que les débats sont terminés, le juge résume l'accusation et la défense d'une façon très claire et très impartiale et le jury statue (le plus souvent sur le siège) en répondant : « coupable », ou : « non coupable », ou : « coupable de tel crime ». La Constituante repoussa ce procédé qu'elle trouvait trop complexe et eut recours à une réminiscence de procédure romaine. Elle inventa le questionnaire; conséquence logique de la séparation sinon du fait et du droit, du moins du crime et de la peine.

Quant à la composition de ce questionnaire, le législateur ayant toujours pour but d'arriver à la plus grande précision possible, distingua dans le point de fait le seul soumis au jury les différentes parties qui le constituent.

En conséquence, il fit statuer le jury sur la matérialité du crime, puis sur l'intention de l'auteur et exigea que quatre questions, au moins, fussent posées au jury pour chaque fait délictueux : « Le fait est-il constant? — L'accusé en est-il l'auteur ? questions de matérialité — L'accusé a-t-il agi volontairement? — A-t-il agi avec une intention criminelle? questions d'intention. A ces questions qui ne forment qu'un « canevas », il fallait en ajouter autant d'autres qu'il y avait de circonstances aggravantes, de faits justificatifs et enfin d'excuses depuis la promulgation du code de l'an IV.

Ce questionnaire était trop compliqué pour subsister bien longtemps. Nous verrons les réformes qu'on y apporta. Elles ne purent, du reste, remédier au mal.

C'est qu'en effet les défauts du questionnaire tiennent à l'institution elle-même et non à la manière plus ou moins défectueuse dont elle est mise en pratique. Mais, il est temps d'apprécier le système des lois révolutionnaires et les résultats de la séparation du fait et du droit.

Les législateurs de 1791 et de l'an IV avaient établi une théorie qui les séduisait par sa simplicité et sa logique et ils avaient cru pouvoir l'appliquer sans inconvénient. Ils n'avaient oublié qu'une chose : c'est que les sciences abstraites usent de procédés difficilement applicables aux sciences morales et que la pure logique est, le plus souvent, en désaccord avec les circonstances ordinaires de la vie. Ils avaient fait des juges — magistrats et jurés — de véritables automates, sans penser que ces juges étaient hommes et jugeaient des crimes que d'autres hommes avaient commis. La séparation complète des pouvoirs de la Cour et de ceux du jury ne put donner que des résultats qui en démontrèrent tous les incouvénients, ou plutôt l'impossibilité d'application.

A la vérité, la distinction entre le fait et le droit proprement dit n'a jamais été complètement appliquée même en théorie. Le crime est un composé : c'est à la fois un acte matériel et un fait qui a une qualification légale et qui est susceptible d'être aggravé ou diminué par des causes légales. Sans doute la question de qualification n'était pas posée au jury mais le législateur se donnait à lui-même un démenti lorsqu'il exigeait une question spéciale pour la légitime défense et pour tant de circonstances aggravantes qui sont autant de problèmes

juridiques. Il en résultait que « la séparation des jugements consistait bien moins entre le fait et le droit
qu'entre le crime et la peine» .

Entre faute et pénalité, la distinction est possible
théoriquement et paraissait même alors nécessaire. Mais
elle donna lieu pratiquement à ce qu'on a surnommé le
« pieux parjure » c'est-à-dire à la négation par le jury
d'un fait indubitable, dans le seul but d'éviter à l'accusé
une condamnation trop sévère.

Par cela même qu'une législation criminelle prend
pour base le principe de l'utilité, elle est portée à une
sévérité excessive, à une exagération de la pénalité souvent funeste à la répression, parce qu'elle semble injuste.
Le Code des délits et des peines en fut un exemple. Si
la Révolution abolit la torture et la plupart des supplices,
elle n'en laissa pas moins subsister la peine de mort
dans un nombre de cas considérable. Quant aux autres
peines, elles étaient d'autant plus exagérées que le système de la peine fixe entraîne souvent disproportion
entre le crime et la pénalité légale. Parmi les crimes
qui portent le même nom il y a de grandes et nombreuses
distinctions à faire, dans lesquelles il n'est pas possible
que descende la loi. Mais surtout il y a entre les criminels coupables de la même faute, des différences telles
qu'un homme de cœur se refusera toujours à prononcer
le même châtiment contre les uns et les autres, sans
distinction. Le législateur n'avait pas voulu le comprendre; le jury protesta à sa manière; il usa du seul moyen
qui lui appartînt de donner aux verdicts que réclamait
sa conscience, une apparence de légalité : il acquitta.

Il rendit ainsi à la société des hommes qu'il eût voulu

(1) Enrico Ferri : *La Sociologie criminelle.*

condamner mais dont il ne se résignait pas à voir tomber
la tête. Et c'est ainsi que sept ans après le Code de brumaire, le rapport de la cour de cassation sur le fonctionnement des Cours d'Assises contenait cette phrase : « Les
tristes résultats de l'impunité des plus grands crimes,
offensant la morale publique, effrayant la société, ont
presque conduit à douter si l'institution des jurés si
belle en théorie n'a pas été plus nuisible qu'utile dans ses
effets (1) ».

Tant est grand le danger de raisonner sur des abstractions et des subtilités pour le législateur dont le devoir
est, avant tout, de faire œuvre de pratique et de se
mettre à la portée de ceux auxquels s'adressent ses
décrets.

SECTION II.

Deuxième période : 1808 à 1832

C'est avec raison qu'on a pu dire que l'histoire de la
procédure par jurés était celle des atteintes portées à la
théorie primitive. Ces distinctions entre le « droit » et
le « fait » qu'on trouvait si rationnelles, cette séparation
des pouvoirs de la Cour et de ceux du jury qui paraissait
si logique, on commença dès 1808 sinon à les battre en
brèche, du moins à leur apporter des correctifs qui, peu
à peu, conduisirent le système à sa ruine. Peut-être les
législateurs ne s'en rendirent-ils pas bien compte eux-
mêmes, mais ils furent entraînés par la force des choses
par l'évolution des idées à reconnaître certains principes
qu'auraient énergiquement repoussés leurs devanciers et

(1) Observations des Tribunaux sur le projet des Codes criminels.

qui ouvrirent la voie à la grande réforme de 1832 qui devait bouleverser complètement les attributions du jury d'Assises.

Comme pour les lois précédentes, afin de mieux comprendre les réformes nouvelles, il faut jeter un coup d'œil sur les idées philosophiques qui servirent de base aux Codes criminels de 1810.

§ 1. — *La réforme du Code d'Instruction Criminelle.*

On ne tarda pas à s'apercevoir des points faibles que présentait la métaphysique du droit intermédiaire. Comme toutes les périodes de réaction et de réaction brutale, la Révolution était tombée dans l'excès. Voulant abolir l'arbirtaire du juge, elle avait consacré l'arbitraire plus dangereux encore de la loi. Par son caractère, par sa science, le juge peut éviter les abus de son omnipotence, il peut dans l'application de la loi tenir compte de l'individu bien plus que de la faute, chercher à amender le criminel plutôt qu'à le punir. La loi, elle, par cela même qu'elle est générale, ignore les individus. Les résultats du système de la Constituante furent assez déplorables pour ouvrir les yeux du législateur. Il comprit enfin « que la loi est incapable de prévoir la peine susceptible de convenir à chaque fait en particulier, qu'elle peut bien fixer une échelle des incriminations indiquant leur valeur abstraite au point de vue social et au point de vue du danger que la société entrevoit dans chaque espèce de crime prise en soi, mais qu'elle ne peut savoir l'impression que produira le crime individuel pris dans sa réalité et que le juge seul peut en rendre compte et fixer non seulement la durée mais la nature de la peine en conséquence. » (1). Du délinquant, il n'était pas question. L'ensemble des doctrines de politique criminelle qu'on appelle la théorie classique est basé sur le libre arbitre. L'homme est libre, donc il est coupable de faire le mal. Identité de liberté morale : identité de responsabilité. Quels que soient le milieu dans lequel il a vécu, l'éducation qu'il a reçue, la passion qu'il a assouvie, l'auteur d'un crime rentre dans la grande catégorie des criminels dans laquelle il n'y a ni séparations, ni quartiers ni distinctions d'aucune sorte mais l'égalité absolue devant la loi pénale.

Telle est la théorie du Code pénal. « Ce code, dit encore M. Saleilles, avait assurément de graves défauts et le principal était que non seulement il présumait l'état virtuel de liberté chez l'homme sain et adulte mais qu'il présumait en outre à raison de l'indivisibilité du libre arbitre, considéré comme une force neutre, intervenant à chaque volition l'identité de responsabilité; d'où pour chaque crime identique, l'identité de peine. C'était une conception inacceptable. Le postulat de la liberté interdisait l'individualisation de la peine « (2) ». Et cependant si on compare cette idée nouvelle à celle qui prit naissance en 1791 on constate un progrès. Sans doute, on ne tient pas encore compte du délinquant mais on comprend cependant que tous les délits ne sont pas aussi graves les uns que les autres et qu'une distinction est nécessaire dans leur répression. C'est ce qu'on a appelé une demi-individualisation, une individualisation « objective ».

(1) Saleilles, *op. cit.*
(2) *Idem.*

Afin de ne pas retomber dans la peine arbitraire, en donnant au juge un trop large pouvoir d'appréciation, le législateur substitua à la fixité de la peine, l'élasticité de la peine. Il établit un maximun et un minimun de répression pour chaque délit et crut avoir ainsi redressé les erreurs et évité les abus.

Il était impossible de ne pas reconnaître que le nombre excessif des acquittements en Cour d'Assises était dû surtout à ce que la loi ne prévoyait pour chaque crime qu'une peine unique. Le jury pour qui la métaphysique du système, restait lettre morte, n'hésitait pas à acquitter tous ceux pour qui la loi paraissait trop sévère. Lui accorder le droit de disposer du minimun institué par le Code eût été une réforme, insuffisante sans doute, mais logique. Certes, personne n'y songea ; on eût préféré supprimer le jury. C'est aux magistrats et à eux seuls que fut réservée l'application de la loi, comme par le passé. Les jurés ne pouvaient sortir du domaine du fait. Reproduisant l'article 272 du Code de brumaire, l'article 342 du nouveau Code d'Instruction criminelle avait soin de bien spécifier qu' « ils manquent à leur premier devoir, lorsque pensant aux dispositions des lois pénales, ils considèrent les suites que pourra avoir par rapport à l'accusé, la déclaration qu'ils ont à faire ».

Toutefois, il faut reconnaître que par là même qu'une certaine « marge » était laissée à la discrétion des magistrats dans l'application de la peine, une curieuse évolution allait en résulter. La distinction entre les pouvoirs des deux magistratures, en Cour d'Assises, était, nous l'avons dit, parfaitement logique avec les principes de 1791. Tant que le système des peines fixes fut en vigueur, le jury ne pouvait sortir de ses attributions qu'en rendant un verdict d'acquittement. Or, c'était un moyen extrême, un mensonge qui lui répugnait souvent. Mais à partir du jour où les juges furent, dans une certaine mesure, maîtres de la peine, lorsqu'il leur fut permis de descendre jusqu'au minimum, dès ce moment on put envisager les compromis qui ne pouvaient tarder à avoir lieu entre magistrats et jurés. Ces derniers tendirent, en effet, à se substituer à la Cour par le moyen d'une transaction illégale certes, mais facilement explicable.

Le Code pénal a, sans peut-être que ses rédacteurs s'en doutassent, ouvert la première brèche dans l'ancienne forteresse où se renfermait le point de « droit ». C'est alors, en effet, que les jurés commencèrent à envisager la possibilité de graduer la peine à leur gré. A mesure que, dans la suite, le législateur se préoccupa moins du crime et plus du criminel et augmenta, en conséquence, les pouvoirs des magistrats, le jury s'efforça, de plus en plus, d'appliquer lui-même la peine en l'imposant à la Cour dans le secret de la chambre des délibérations.

Avant de terminer l'étude de la législation impériale, il nous reste à parler d'une institution, d'une théorie nouvelle (qui devait jouer plus tard, un rôle si important dans notre procédure criminelle), que le code pénal avait à peine signalée ou plutôt dont il avait considérablement réduit le champ d'application : les circonstances atténuantes.

Contrairement à ce qu'elles sont aujourd'hui, les circonstances atténuantes n'étaient, en 1810, qu'un moyen de concilier la loi pénale, forcément trop générale, avec l'extrême diversité des circonstances de fait qui peuvent atténuer un délit. C'était, sous un autre nom, le système des excuses tel que l'avaient consacré les premiers arrêts de la jurisprudence. C'était donc augmenter les pouvoirs d'appréciation du juge. En Cour d'Assises, c'eut été mettre entre les mains du jury un moyen singulièrement pratique de disposer de la pénalité. Mais l'article 463 ne visait que des délits correctionnels (1). Faure, dans son rapport, prétendait qu'une semblable disposition ne pouvait trouver place en matière criminelle parce que « les peines établies pour les crimes étant de différentes espèces..... il faudrait que le juge fût autorisé à changer l'espèce de peine et à descendre du degré fixé par la loi à un degré inférieur..... Cette substitution ne serait pas une réduction de peine proprement dite, elle serait une véritable commutation de peine. Or, le droit de commutation de peine est placé par la constitution dans les attributions du souverain, il fait partie du droit de faire grâce ». (2). L'argument, comme on le voit, était bien mauvais et il n'est pas nécessaire de démontrer l'erreur que commettait Faure en confondant les circonstances atténuantes qui influent sur la culpabilité avec la grâce qui fait remise de la peine. Il est permis de croire que, seule, la défiance qu'on nourrissait à l'égard du jury, fut la véritable cause de l'insuffisance de la réforme. Aussi, quelques années plus tard, en 1814, proposa-t-on de la compléter en l'étendant au grand criminel. Le Conseil d'État avait même donné son approbation au nouveau projet. Mais,

(1) Voici le texte de cet article : « Dans tous les cas où la peine de l'emprisonnement est portée par le présent Code, si le préjudice causé n'excède pas 25 francs et si les circonstances paraissent atténuantes, les tribunaux sont autorisés à réduire l'emprisonnement même au-dessous de six jours et l'amende même au-dessous de 16 francs ».

(2) Faure, *Exposé des motifs du Code de 1810.*

les événements politiques et le départ du Garde des sceaux l'empêchèrent d'aboutir.

L'idée devait être reprise dix ans plus tard par une loi de procédure qui ne fut qu'un moyen de transition entre le Code d'Instruction criminelle et la grande réforme de 1832.

§ 2. *La réforme de la loi du 25 juin 1824.*

Nous avons vu que le Code de 1808 n'ayant supprimé en rien le principal vice de la Cour d'Assises, la distinction restait toujours aussi tranchée qu'en 1791 entre le jury juge du crime et la Cour juge du criminel.

Aussi les protestations furent telles, les injustices commises furent si criantes qu'il fallut bien reconnaitre que si on tenait à conserver le jury, une nouvelle réforme législative s'imposait. Le discours du garde des sceaux à la Chambre des Députés, le 27 mai 1824, est particulièrement instructif : c'est un fidèle reflet de l'état de choses d'alors : « Les condamnations deviennent chaque jour plus rares, disait M. de Peyronnet, et la justice ne cesse de gémir de son impuissance..... Le jury préférant la justice à la vérité, nie volontairement l'évidence et se félicite de pouvoir échapper par le mensonge au regret d'avoir provoqué des condamnations qui ne seraient pas équitables (1) ». Depuis longtemps en effet, le jury n'hésitait plus à nier les faits les mieux démontrés afin d'éviter aux délinquants qui l'intéressaient un châtiment trop sévère. Entre le maximum et le minimum de chaque peine, la marge était trop étroite pour ne pas être fata-

(1) Moniteur du 28 mai 1824.

lement injuste pour un grand nombre d'accusés. Mais eût-elle été suffisante que le jury ne pouvant statuer sur le droit, devait s'en rapporter aux magistrats. La conséquence en était un énervement déplorable de la répression surtout pour certains. crimes dont les auteurs paraissent souvent plus dignes de pitié que de colère. C'est à ce moment que s'accréditait la fameuse théorie de l' « omnipotence » qu'on a volontiers traitée de « néfaste », sans voir qu'il est impossible à un honnête homme de laisser commettre une injustice qu'il pourrait empêcher. C'est ainsi que naquit la loi du 25 juin 1824 dont l'article 4 était ainsi conçu : » Les Cours d'Assises, lorsqu'elles auront reconnu qu'il existe des circonstances atténuantes et sous la condition de le déclarer expressément....., pourront réduire les peines prononcées par le Code pénal. »

Cette disposition ne s'appliquait qu'à un très petit nombre de crimes, ceux dont les auteurs bénéficiaient le plus ordinairement de l'indulgence du jury, en particulier l'infanticide.

Seuls, les magistrats avaient le droit d'accorder ces circonstances atténuantes. La loi n'étendait donc que les pouvoirs du juge, et encore pour un petit nombre de cas seulement. Ce ne fut qu'une réforme du tarif des peines ; c'était une réforme de procédure qu'il fallait.

On croyait faire disparaître ainsi les inconvénients inhérents au système du Code. Devant un adoucissement *éventuel* de la pénalité, le jury, pensait-on, -n'hésiterait pas à rendre des verdicts affirmatifs. Il est curieux de voir les illusions que se faisait, à ce sujet, M. de Peyronnet : « Nous osons espérer, disait-il, que les magistrats feront usage de ce pouvoir avec tant de discernement et de prudence, que les jurés plus assurés désormais sur les conséquences de leurs décisions, céderont moins volontiers au désir d'altérer le caractère des faits. » (1).

Lors de la discussion du projet de loi, de vives discussions s'élevèrent contre ce singulier remède qui ne devait remédier à rien. Beaucoup d'excellents esprits comprirent que tout le mal venait du trop fameux principe de la séparation des pouvoirs. Ils insistèrent vivement pour que ce fut aux jurés que la loi remit le soin d'accorder ces circonstances atténuantes, ces diminutions de pénalité. Le rapporteur de la Commission, M. Jacquinot-Pampelune n'avait-il pas dit : « On ne peut interdire au jury la connaissance de la loi pénale, il la sait et en prévoit l'application et règle ou modifie trop souvent son opinion d'après la chance que court l'accusé ». (2).

A cela, le ministre répondait par une formule vague et sur laquelle on a longtemps discuté. D'après lui, les circonstances atténuantes ne pouvaient être laissées au jury, parce que, le plus souvent, elle ne sont pas déterminées « par des faits », mais, « par des considérations morales et par conséquent étrangères à toute question de fait. »

En réalité, ce que pensait, sans le dire, le garde des sceaux, c'est que remettre les circonstances atténuantes au jury, c'était lui remettre la « question de droit », en l'autorisant à abaisser la peine. Or, la distinction entre le fait et le droit paraissait encore, aux yeux du plus

____

(1) Moniteur du 28 mai 1824.
2) Moniteur du 16 juin 1824.

grand nombre, constituer le fondement même de la procédure par jurés et on craignait d'y toucher de peur de faire crouler tout l'édifice.

Il n'était pourtant pas difficile de prévoir que les acquittements scandaleux qu'on voulait empêcher, ne cesseraient pas devant de semblables dispositions. Plusieurs députés le prédirent lors du vote de la loi. Il est excessivement dangereux de donner de larges pouvoirs à la Cour et de restreindre le plus possible ceux des jurés. Ces derniers ne se trouvaient pas plus qu'auparavant maîtres de leurs verdicts. La Cour jugerait-elle à propos d'appliquer les circonstances atténuantes ou les refuserait-elle à l'accusé ? C'était un problème dont personne n'avait le pouvoir de trouver la solution. Après quelques essais malheureux, comme l'affaire Faure (1825), les jurés, quand ils ne purent obtenir des magistrats une promesse d'indulgence, continuèrent à acquitter tous les criminels auxquels ils s'intéressaient.

En réalité, cette loi de 1824 ne changeait rien à ce qui existait déjà, la possibilité d'un amoindrissement de la peine étant trop hypothétique pour que le jury s'y arrêtât. Néanmoins, elle ne fut pas inutile. Insuffisante, elle ouvrit néanmoins les yeux du législateur sur les dangers des lois en désaccord avec la conscience humaine. Transportant les circonstances atténuantes au grand criminel, elle prépara la loi de 1832, dernière phase — jusqu'à présent — d'une évolution bien incomplète encore.

CHAPITRE II.

SECTION I.

La loi du 1ᵉʳ mai 1832. — Son texte, son esprit.

Les modifications apportées à la procédure criminelle
par la loi du 1ᵉʳ mai 1832 et le bouleversement de tous
les principes qui substitua à un système logique mais
d'une impitoyable rigueur, un système plus doux mais
étrange, furent la conséquence de la grande secousse politique qui marqua la fin de la Restauration. A ce moment,
une foule d'idées de civilisation et de justice, depuis
longtemps répandues dans nos mœurs, acquirent enfin droit
de cité dans nos codes, en même temps que les libéraux
arrivaient au pouvoir.

On comprit les inconvénients des législations codifiées
qu'on néglige de tenir au courant des progrès de la civilisation. Bien qu'il n'eût que vingt ans d'existence, le Code
pénal exigeait une refonte complète, mais en même temps
rapide, car la répression s'énervait de plus en plus. Le
jury, dont le rôle était limité par une fiction, s'insurgeait
tous les jours contre l'injustice de la loi pénale. La théorie
de « l'omnipotence » était arrivée à son apogée. On ré-
pétait partout que le jury est au-dessus de la loi et qu'il
peut la modifier à son gré quand elle lui semble trop sévère.
Dans la pratique, cette théorie conduisait à des acquittements continuels. Nous avons dit, en effet, que la loi de

1824 n'avait apporté aucun remède aux vices de la
procédure d'Assises. Elle avait eu toutefois cet effet :
d'indisposer les jurés en continuant à leur refuser toute
participation au jugement de la peine tandis qu'elle
augmentait les pouvoirs des magistrats. En un mot, on
reconnaissait qu'il était indispensable de réformer à la fois
la loi pénale et la justice criminelle. Mais, comme le temps
manquait (et aussi pour les motifs que nous verrons tout
à l'heure), on se contenta de remédier aux abus les plus
criants.

C'est ainsi que fut promulguée la loi du 1er mai 1832.

La réforme fut tout à la fois objective et subjective :
D'abord, on atténua un grand nombre de pénalités contre
lesquelles s'élevait la conscience publique : c'était s'apercevoir un peu tard de l'anachronisme étrange que présentait le code pénal appliqué à une société aussi civilisée
que celle de la Restauration. La peine de mort, cause de
tant d'acquittements, fut abolie dans neuf cas. Plusieurs
châtiments barbares furent supprimés. Puis on chercha
un moyen qui permît au jury, sans participer directement
à l'application de la loi, de faire connaître à la Cour son
sentiment sur la pénalité dans chaque cas particulier.

C'est alors qu'on songea à développer cette idée dont
nous avons trouvé les premières traces dans une interprétation du Code du 3 brumaire de l'an IV : donner au jury
un moyen d'abaisser la peine en déclarant expréssément
qu'il y avait lieu à atténuation. Nous avons dit que les
excuses avaient joué ce rôle pendant quelque temps.
Losque le Code d'Instruction criminelle vint déclarer qu'il
ne pouvait y avoir d'excuses sans un texte légal (art. 65),
les circonstances atténuantes vinrent les remplacer ; mais
la loi de 1824 ne les avait accordées que pour un nombre

de faits très limité et, par un sentiment de défiance envers
le jury, les avait confiées aux magistrats. Mais, dans
l'incertitude où ils se trouvaient des sentiments de la
Cour, les jurés continuaient à acquitter de peur d'une
condamnation trop sévère. On généralisa l'institution et
on en confia l'usage au jury. « Si la déclaration des
circonstances atténuantes, disait M. Barthe, restait dévolue
à la Cour, l'incertitude du jury sur le point de savoir si la
Cour les déclarerait, en le laissant dans l'inquiétude sur les
conséquences de sa décision, le jetterait dans un excès
d'indulgence parcequ'il ne serait pas certain d'échapper
à un excès de sévérité. » (1). C'est ce que consacra l'article 5 de la loi du 1er mai 1832, ainsi conçu : « En toute
matière criminelle, même en cas de récidive, le président
après avoir posé les questions résultant de l'acte d'accusation et des débats, avertira le jury à peine de nullité que
s'il pense à la majorité de plus de sept voix qu'il existe
en faveur d'un ou de plusieurs accusés reconnus coupables
des circonstances atténuantes, il devra en faire la
déclaration dans ces termes : A la majorité de plus de
sept voix, il y a des circonstances atténuantes en faveur
de tel accusé. » Ce texte (modifié quand au nombre de
voix nécessaire par la loi du 9 juin 1853) est devenu
l'article 341 du Code d'Instruction criminelle et règle,
encore maintenant, les attributions du jury.

Nous allons rechercher maintenant ce qu'il faut
entendre par ce mot de circonstances atténuantes. Nous
verrons que le législateur de 1832 leur a donné sciem-
ment un sens tout différent de celui qu'elles avaient

(1). Rapport de M. Barthe à la Chambre des députés. — Chauveau :
Code pénal progressif.

auparavant. Il a ainsi introduit des modifications considérables dans l'institution du jury telle que l'avait comprise la constitution de 1791. La loi de 1832 c'est le renversement de toute la théorie primitive et le premier pas dans la voie d'une réforme de jour en jour plus nécessaire. « Le système des circonstances atténuantes, dit M. Cournot, change la face de la législation criminelle ; il renferme un germe de rénovation pour le système pénal tout entier, mais altère l'institution du jury en modifiant le caractère de ses pouvoirs (1) ».

Remettre les circonstances atténuantes entre les mains du jury, c'était lui reconnaître le pouvoir de s'occuper non seulement de la matérialité du crime mais encore de sa gravité sociale, non seulement de l'identité du criminel mais encore de sa culpabilité ; c'était faire du jury un juge. On l'avait si bien compris en 1824 que, admettant le principe d'une cause d'atténuation non prévue par la loi, on eut bien soin de ne pas la confier aux jurés. C'était une inconséquence, car s'il doit se prononcer sur la matérialité du fait, le jury doit être aussi le seul appréciateur des modalités de ce fait et, par conséquent, des causes qui l'atténuent ; mais c'était le seul moyen de conserver encore intacts les premiers principes. Le législateur de 1832 n'hésita pas à déposer les derniers scrupules parce qu'il crut impossible de retarder plus longtemps par d'hypocrites atermoiements la condamnation officielle des utopies de la Révolution. Aussi n'y a-t-il rien d'étonnant à ce que le projet de loi ait rencontré de vives oppositions de la part de ceux qui

---

(1) Cournot : *La répression de l'infanticide. Discours de rentrée à la Cour d'appel d'Angers, 1885.*

croyaient encore la séparation des pouvoirs une condition essentielle du bon fonctionnement de la justice populaire. Un des membres de la Commission parlementaire chargée d'examiner le projet de loi, s'éleva vivement contre la nouvelle théorie qui révolutionnait la procédure criminelle. Mais les faits étaient plus forts que tous les raisonnements. Une législation se juge d'après ses résultats et l'expérience condamnait formellement une distinction qu'on avait qualifiée de rationnelle, mais qui était, en réalité, si subtile qu'elle n'avait jamais été respectée. Comme le disait fort bien M. Barthe : « Il y a toujours un avantage dans la vérité; et quand même le projet de loi aurait pour résultat unique de rattacher les atténuations non à de pieux parjures, mais à des verdicts consciencieux, ce serait déjà une importante amélioration (1) ». Ainsi, on reconnaît au jury le droit d'exercer une influence directe sur la peine, mais on est encore bien loin de songer à lui accorder le rôle qu'il désire, auquel il a droit. On ne peut lui refuser plus longtemps le droit de juger, mais on restreint ce droit au minimum. N'importe. La réforme n'en est pas moins considérable : c'est l'abdication complète des anciennes erreurs, c'est la consécration d'une théorie qui cherche à concilier le droit avec les légitimes aspirations de la nature humaine.

Voilà déjà un effet fort important de la loi de 1832; elle en a un autre plus grave et peut-être plus heureux encore. Du jury elle ne fait pas seulement un juge, mais encore un législateur. C'est la partie la plus délicate de la nouvelle loi et pour la bien comprendre,

(1) Chauveau, *op. cit.*

il n'est pas inutile de se reporter aux travaux prépara-
toires, aux rapports du Garde des sceaux et de la Commission parlementaire, enfin aux débats de la Chambre
des députés, qui nous ont été fidèlement conservés par
M. Chauveau dans son *Code pénal progressif*.

« La législation pénale est la partie essentiellement
variable et progressive de la législation générale. Comme
elle est en rapport intime et immédiat avec les mouve-
ments de la civilisation, elle doit les suivre sous peine
d'être oppressive ou insuffisante (1) ». Ces mots que
nous empruntons, avec intention, à l'un des des adversaires les plus autorisés de la loi de 1832 sont
pourtant la raison d'être et la justification de cette
réforme. Le grand danger des législations codifiées c'est
de se prêter difficilement à des remaniements fréquents.
Or, la civilisation progresse, sans cesse ; les mœurs se
modifient, s'adoucissent ; les idées deviennent plus
libérales, plus humaines, plus justes et l'on s'aperçoit
bientôt que les Codes sont en désaccord avec l'opinion.
Cette observation s'applique surtout aux matières criminelles qui se modifient continuellement en même temps
que les doctrines philosophiques et les besoins du milieu
social.

Les promoteurs de la loi de 1832 en avaient fait l'expérience et ne pouvant refondre entièrement le Code
pénal, ils trouvèrent dans le système des circonstances
atténuantes un moyen aussi simple que pratique de
remettre au jury « des pouvoirs que le législateur s'était
réservés jusque-là à lui-même (2) ». Ils firent du jury
l'expression de la conscience publique, la pierre de touche

(1) Chauveau, *op. cit.*
(2) M. de Bastard, Chauveau, *op. cit.*

de l'opinion et ils remirent à sa discrétion « un adoucissement éventuel, il est vrai, mais complet du Code pénal » (1). Ainsi, c'est le jury qui devra désormais décider si telle peine n'est pas trop barbare par rapport aux progrès de la civilisation. C'est lui qui abolira graduellement la peine de mort en l'écartant dans toutes les affaires dont la gravité n'en réclamera pas impérieusement l'application. Il est placé au-dessus de la loi puisqu'il est chargé de la reviser et de la modifier.

Beaucoup parmi les législateurs trouvaient de pareils pouvoirs exorbitants ; un des membres de la Commission de la Chambre des Pairs proposa d'établir des circonstances atténuantes purement objectives, c'est-à-dire fixées à l'avance par la loi qui aurait multiplié les subdivisions des délits et serait descendue dans les détails les plus minutieux. De cette façon, on conservait la distinction du fait et du droit et on respectait les théories de la Constituante. Mais, un pareil système (dont certains jurisconsultes tendent actuellement à se rapprocher) (2) n'était qu'un retour à d'anciennes illusions, à la classification *a priori* de tous les faits criminels et à la fixation, par avance, de peines déterminées. M. de Bastard y répondait avec beaucoup de raison : « Le législateur ne peut méconnaître la puissance des faits, des mœurs et même des préjugés de l'époque dans laquelle il vit, préjugés qu'il doit combattre sans doute, en éclairant l'opinion publique mais sans la heurter trop fortement (3) ».

(1) M. Dumon, Chauveau, *op. cit.*
(2) Cf. l'avant-projet du Code pénal suisse qui admet la spécialisation des circonstances atténuantes qu'il classe, il est vrai, par larges catégories.
(3) M. de Bastard, Chauveau, *op. cit.*

SECTION II

Les attributions du Jury depuis la loi de 1832.

Nous avons vu quelle réforme considérable réalisait la loi de 1832, dans la pensée, du moins, de ses promoteurs. Nous avons assisté à la répudiation de l'ancien système de séparation absolue entre les pouvoirs de la Cour et ceux du jury, et à l'avènement du nouveau principe de la participation des deux magistratures à la solution des affaires criminelles. Désormais, le jury a le droit de se préoccuper d'autre chose que de dire si tel crime a été commis et si tel accusé en est l'auteur. Il doit décider si la peine portée par la loi, n'est pas en disproportion avec le crime et dans quelle mesure elle convient au criminel.

Malheureusement, cette loi est née à une époque de transition où les principes n'étaient pas bien certains et où la pensée du législateur était entravée par la codification : « Le législateur a craint d'ébranler l'édifice, il n'a plus cherché qu'à le consolider. La réforme a, dès lors, été moins large, elle s'est pénétrée de l'esprit du législateur de 1810 ; sa liberté a été enchainée, au lieu d'innover et de créer, elle a timidement corrigé. Mais l'effet le plus funeste de cette mesure sera peut-être de fermer l'accès pendant quelque temps à de nouvelles réformes dont la pensée généreuse viendra se briser contre la crainte de troubler l'harmonie extérieure des dispositions d'un Code (1) ». Ces lignes que nous empruntons à un jurisconsulte qui blâmait vivement la nouvelle loi mais qui en avait, du moins, parfaitement compris l'esprit, sont le

(1) Chauveau, *op. cit.*

résumé des nombreux défauts d'une réforme dont nous allons montrer l'illogisme.

Dans la loi de 1832, il y a en effet, tout à la fois, une contradiction et un compromis.

Il résulte de la saine interprétation de la loi du 1er mai, comme de celle de l'article 5, que le jury doit désormais connaître les articles du Code pénal visés par l'accusation. Sinon, comment pourrait-il faire œuvre de législateur et déclarer telle peine en désaccord avec la conscience publique ? Comment pourrait-il faire œuvre de juge en décidant que pour un même crime, tel accusé ne mérite pas la même peine que tel autre ? Et cependant l'article 432 du Code d'Instruction criminelle n'a pas été abrogé. L'interdiction faite aux jurés de se préoccuper de la peine, subsiste toujours. La plupart des auteurs ont parlé d' « abrogation tacite », mais c'est là un moyen trop commode de concilier avec les exigences de la logique et de la vérité une disposition légale qui a été conservée, à dessein. Nous verrons tout à l'heure avec quelle sévérité la jurisprudence a fait application des textes en défendant toute allusion, pendant le cours des débats, aux conséquences peut-être terribles d'un verdict affirmatif, jusqu'au jour où, devant tant d'inconséquence, elle fut obligée d'assister impuissante à la violation de la loi.

Voilà la contradiction, voici le compromis :

La loi permettant au jury (dans son esprit sinon dans son texte) de s'intéresser à la peine, lui a donné le droit de la modifier. Le jury a le droit d'accorder des circonstances atténuantes qui auront pour effet de diminuer la pénalité, mais dans quelle mesure ? Il ne le sait pas. Les circonstances atténuantes, en effet, feront descendre la peine d'un degré, peut-être même de deux, mais les jurés ne sont pas maîtres de ce second degré d'atténuation. Par une défiance bien regrettable envers le jury, c'est à la Cour qu'est confié le soin de décider s'il y a lieu de l'admettre. Il en résulte que les magistrats jouissent d'un pouvoir vraiment considérable. Les circonstances atténuantes les obligent à descendre d'un degré dans l'échelle des peines, par exemple à passer des travaux forcés à temps à la réclusion ; mais ils peuvent prononcer le maximun de la peine, soit dix ans, ou seulement le minimun, soit cinq ans. Et, s'ils le jugent convenable, il leur est loisible de ne prononcer qu'une peine d'emprisonnement et de descendre même jusqu'à deux ans. Il peuvent aller plus loin encore et effacer ou du moins suspendre cette condamnation en accordant à l'accusé le bénéfice de la loi de sursis (1). Dans tout cela ne voit-on pas que les attributions du jury sont dérisoires par rapport à celle de la Cour ?

Puisque le législateur se voyait contraint par l'état des esprits et des mœurs, par ce courant d'idées qu'on appelle l'opinion publique, d'accorder aux jurés le droit de participer à l'application de la loi, il aurait dû leur permettre, pour être logique avec lui-même, de fixer la peine euxmêmes, soit seuls, soit en concours avec les magistrats. Ce droit, on ne leur a pas accordé : on ne le pouvait pas en présence de l'opposition des partisans de l'ancien sys-

(1) La loi Bérenger commence à s'introduire à la Cour d'Assises. A Paris, notamment, elle est accordée sinon fréquemment, du moins quelquefois et, en particulier, en matière d'infanticide (à la suite d'une question subsidiaire de suppression d'enfant). — Nous ne voulons pas critiquer cette pratique, encore qu'elle puisse paraître singulière, mais il est assez curieux de voir que ce procédé augmente encore les pouvoirs de la Cour, par opposition à ceux du jury.

tème. On s'est arrêté à une demi-mesure qui n'est qu'une transaction. Mais le jury s'en rend compte et, se heurtant à chaque pas aux difficultés d'une loi mal faite, il est toujours tenté de rendre un verdict d'acquittement, c'est-à-dire de protestation contre la situation qu'on lui fait.

A ce système aussi bizarre que dangereux, il faut encore ajouter les complications qui résultent des deux réformes successives du questionnaire.

Nous avons vu de quelle façon analytique étaient rédigées les questions, sous la loi de 1791. Mais, parfait en théorie, le système primitif présentait en pratique, une foule de difficultés. Deux raisons, surtout, devaient en entraîner la suppression. D'une part, le nombre des questions était considérable ce qui s'expliquait par ce fait qu'il y en avait quatre, au moins, pour chaque crime. D'autre part, le système était trop compliqué pour ne pas en paraître obscur ; la loi distinguait entre la matérialité du fait et l'intention criminelle. Si le fait existe, l'intention n'existe pas toujours : dans ce cas, aucune difficulté. Mais lorsque le contraire se produit, il peut arriver de singulières confusions fort explicables chez des hommes qui ne sont pas versés dans la science du droit, comme les jurés, et, de plus, qu'aucun guide ne conseille ni ne dirige.

Il arriva assez souvent que pour certains crimes (la fausse-monnaie, par exemple) le verdict fut négatif sur la question de fait (Tel crime est-il constant ?) mais affirmatif sur la question intentionnelle (L'accusé l'a-t-il commis avec intention ?).

Ces résultats entraînèrent la substitution aux questions simples, des questions complexes qui permettaient de ne poser qu'une interrogation pour chaque crime.

Ce nouveau système, emprunté à une loi du 12 ventôse

de l'an VIII, relative aux émigrés, fut consacré par l'article 337 du Code d'Instruction criminelle qui prescrivit de questionner le jury de la manière suivante : « L'accusé est-il coupable d'avoir commis tel meurtre, tel vol, ou tel autre crime avec toutes les circonstances comprises dans le résumé de l'acte d'accusation ? » C'était aller d'un excès à l'autre. S'il voulait rejeter une seule des circonstances aggravantes, le jury se trouvait obligé, par celà-même, de répondre négativement à la question tout entière, ce qui entraînait l'acquittement de l'accusé. Aussi, ce système ne fut-il jamais appliqué. La jurisprudence inventa un palliatif que vint consacrer la loi du 13 mai 1836 qui régit encore actuellement la matière. Maintenant, une seule question vise chacun des faits, mais le jury doit être également interrogé sur chacune des circonstances aggravantes : « L'accusé N... est-il coupable d'avoir donné la mort à X... ? — Le crime a-t-il été commis avec préméditation.. ? ». Le nombre des nouvelles questions, pour être moins considérable que celui des questions simples, est cependant fort élevé. Mais, ce qui est plus grave c'est que le système de la loi de 1836 est encore plus compliqué que celui de la loi de 1791. Lorsqu'on demande au jury si l'accusé est « coupable », on résume en ce mot une foule de questions diverses qu'il est souvent bien difficile de résoudre par un seul mot. Le fait est-il prouvé ? L'accusé en est-il l'auteur ? Est-il coupable en fait ? en droit ? Voilà autant de points qui appellent autant de réponses distinctes. Obliger le jury à répondre à toutes ces questions par : oui, ou par : non, c'est, d'une part, identifier le criminel avec le crime et, d'autre part, rendre possibles de terribles méprises. Nous verrons plus loin l'une des plus déplorables conséquences de la question complexe en étudiant quelle est la situation de la partie civile devant la Cour d'Assises.

Le plus étrange c'est que les promoteurs de la question complexe ont cru que leur système sauvegardait le principe de la séparation des pouvoirs, alors qu'il n'est que la consécration de l'omnipotence des jurés. Interrogés sur le point de savoir si l'accusé est « coupable », ils se demandent, non seulement, si le fait est constant, mais si l'accusé mérite d'être condamné à la peine portée par la loi. Et malgré toutes les dispositions prohibitives renouvelées du Code de brumaire, ils participent, autant qu'ils le peuvent, à l'application de la loi.

Nous allons voir de quelle façon le jury connaît les dispositions de cette loi et par quels procédés il parvient à l'appliquer à son gré.

§ 1. — *De l'indication au jury des conséquences de son verdict.*

Les jurés n'ayant pas le droit de s'occuper de la peine, il leur est interdit de la connaître ou, du moins, il devrait en être ainsi.

Ce n'est pas que cette interdiction ait été formulée en termes précis par la loi, mais elle résulte certainement de son esprit. Il y eut, toutefois, quelques hésitations sous l'empire du Code des délits et des peines, un arrêt du 28 pluviôse de l'an VIII s'étant basé sur les droits de la défense. Mais, ces hésitations disparurent vite et la jurisprudence décida que la prohibition légale se trouvait renfermée dans le fameux article 311.I. C. : « Le président avertira le conseil de l'accusé qu'il ne peut rien dire

contre sa conscience ou *contre le respect dû aux lois.... »*
Comme l'a fait observer M. Beudant (1), par une singularité remarquable, la défense faite aux avocats de citer la loi pénale, ne devint précise, en fait, qu'après la suppression des règles qui la motivaient.

Toutefois, par une curieuse inconséquence qui ne peut être qu'une distraction des rédacteurs du Code, la loi tout en refusant au jury le droit d'emporter dans la chambre de ses délibérations, les dépositions écrites des témoins (c'est-à-dire les pièces principales de l'instruction) exige que le président de la Cour leur remette l'arrêt de renvoi et l'acte d'accusation (2). Le second de ces documents n'est qu'un morceau de phraséologie qui ne signifie pas grand'chose et qui n'est qu'un résumé fort imparfait du réquisitoire. L'autre, au contraire, est un jugement rendu par les magistrats de la chambre des mises en accusation et, en cette qualité, il est *motivé*. La dernière ligne de l'arrêt de renvoi porte les numéros des articles du code pénal, qui qualifient le crime et par conséquent indiquent la peine correspondante. De cette façon, comme on l'a fait très spirituellement remarquer, il suffirait à l'un des jurés « d'avoir un Code dans sa poche », pour édifier ses collègues sur les conséquences du verdict que leur a réclamé le ministre public.

Mais, il y a mieux : Au moment où les jurés se préparent à déposer dans l'urne leurs bulletins de condamnation, la plupart du temps, ils savent parfaitement à quoi s'en tenir sur la portée légale de leur verdict, parceque tout le monde : accusation, défense, président, pendant ou après

(1) Beudant, *op. cit.*
(2) Art. 341 I. C.

les débats leur a indiqué la loi avec le plus grand soin, discutant ouvertement, en pleine audience, le jeu si délicat et si complexe des « questions ».

Cette pratique, cette tolérance, qui datent déjà de longtemps, sont en contradiction absolue avec l'article 342, mais l'inconséquence du principe se montra de si bonne heure que, devant la participation effective qu'entendait prendre le jury à l'arrêt de condamnation, il fallut bien, petit à petit, en venir à lui faire connaître la loi pénale sous peine d'énerver la répression par des acquittements scandaleux. C'est par le défenseur que la réforme s'introduisit. Et il devait en être ainsi puisque c'est lui qui a intérêt à mettre en garde les jurés contre la sévérité, parfois excessive, du Code.

Après d'assez nombreux arrêts de Cassation rejetant les pourvois fondés sur ce que le président d'Assises avait empêché le défenseur de parler de la peine (1), même après la réforme de 1832, on finit, peu à peu, par laisser le défenseur s'expliquer sur ce point. Sans doute, il y eut encore des résistances de la part de magistrats plus soucieux du texte de la loi que de la logique. Sans doute, même encore aujourd'hui, ce n'est pas un *droit* pour la défense et nombreuses sont les Cours de province qui n'admettent pas qu'on puisse violer l'art 342. Mais, en fait, surtout à Paris, la tolérance la plus large règne à cet égard. Et aujourd'hui, tout le monde sait bien que lorsqu'un président arrête un avocat qui plaide « sur la peine », c'est pour corriger une erreur *de droit* et non pour faire respecter un texte inapplicable. L'avocat dit

(1), Cass. 20 mars 1825 ; — 31 mars 1825 ; — 8 décembre 1826 ; — 18 février 1832 ; — 25 mars 1836 ; — Cour d'Assises de la Seine, 2 février 1830. — Voir, pourtant, en sens contraire : Cass. 29 mars 1816.

« tout » et explique aux jurés que si les circonstances atténuantes ne font pas suffisamment descendre la peine au gré de leurs désirs, ils ont parfaitement le droit de nier l'évidence et de combiner leur verdict de façon à ce que la peine soit « ce qu'ils veulent ».

Après l'avocat, la faculté de parler de la question de droit passa à l'avocat général. Ce magistrat qui a, à la Cour d'assises, une situation tout à fait privilégiée (puisqu'il est hiérarchiquement le supérieur du conseiller-président), a toujours eu le droit de tout dire et jamais aucune restriction ne lui a été imposée. Actuellement, il prévient le défenseur, en ayant soin, dans son réquisitoire, d'indiquer aux jurés tout ce que la loi a refusé de leur faire connaître, paraissant même parfois s'engager, au nom de la Cour, à ce que la peine ne dépasse pas tel maximum qu'il indique. Et toutes ces explications ne laissent pas que d'inquiéter les jurés qui se perdent au milieu du dédale du questionnaire.

Bien que la plus grande partie du « duel oratoire » se soit passée en de minutieuses explications de la pénalité, si le jury a encore quelque doute, si, lorsqu'il se retire dans la salle des délibérations, il n'est pas complètement fixé sur les conséquences légales de son verdict, une troisième personne viendra, encore une fois, lui parler de la question de droit. Cette personne, c'est précisément celle qui est chargée de faire respecter la loi, c'est le président de la Cour. Souvent même, ce sera lui qui jouera le rôle le plus important, qui donnera les conseils les plus écoutés ; d'abord, parce qu'il a l'avantage de d'être pas partie au procès (s'il a eu soin de faire preuve de la plus grande impartialité au cours des débats et surtout pendant l'interrogatoire), ensuite parce qu'il est le suprême recours des jurés hésitants.

Dans l'esquisse un peu ironique, mais si fine, si spirituelle, si parisienne, en un mot, qu'il a tracée de la Cour d'Assises, M. Cruppi a montré le président d'Assises appelé par le jury dans le Chambre des délibérations.

« Dans l'embarras général, une voix s'élève : Si nous faisions prier Monsieur le Président de venir au milieu de nous ? Et bientôt en effet le président est annoncé, il prend place autour du tapis vert. Ainsi, ces deux sortes de juges que tout a séparé jusqu'à l'heure où nous sommes, se trouvent réunis pour la première fois. Ce sont d'honnêtes gens qui cherchent la justice mais qui n'ont pas le droit de la chercher ensemble : alors, pourquoi se réunissent-ils ? Que peuvent-ils dire, que peuvent-ils faire qui ne soit contraire à la loi ?... Le président est le droit, la loi, la science, la peine ; le jury est le fait, l'intime conviction. C'est un mur que le Code a péniblement édifié contre ces êtres. Tout cela ne serait donc qu'un leurre, un château de cartes sur lequel on souffle au dernier instant (1) ? »

Ce pouvoir étrange et dangereux qu'a le président (juge de la peine) de se rendre auprès des jurés (juges de la culpabilité), n'a jamais été prévu par les rédacteurs de l'article 343 I. C. et c'est par une singulière entorse donnée à ce texte que la jurisprudence a pu admettre cette pratique, maintenant très fréquente (2).

(1) Cruppi, *op. cit.*

(2) Plusieurs Codes étrangers tout en admettant le droit pour le président de donner des « instructions » au jury au moment de la délibération de celui-ci, exigent que ces instructions soient données par écrit (Code espagnol), ou en audience publique (Code italien art. 498 ; Code allemand art. 206 ; Code de New-York art. 427), ou en présence de l'accusé et de son dé-

L'art. 343 al. 2 prescrit : « L'entrée de (la chambre des
jurés) ne pourra être permise que par le président et par
écrit ». La Cour de Cassation en a conclu assez bizarrement
que si le président entrait dans la chambre de délibération
du jury sans y être appelé, il y avait bien là un cas de nullité (1), mais que s'il avait été mandé par les jurés, sa
présence au milieu d'eux était parfaitement légale (2), la
présence de l'accusé ou de son défenseur étant absolument
inutile (3) (et, en fait, elle n'a jamais lieu). — Peu importe, du reste, la valeur de cette jurisprudence. Encore
une fois, c'est une pratique bien établie et qui est très
suivie. C'est la consécration d'une confusion, qui devait
fatalement se produire, entre les deux éléments qu'on
avait eu tant de peine à distinguer. Si les jurés mandent
le président, c'est évidemment pour lui poser des questions auxquelles la loi lui défend de répondre. C'est pour
lui parler du droit, lui demander des explications
sur la peine et il ne lui est pas permis d'en donner. Et
cependant, le président n'hésite pas à se rendre auprès
du jury parce que s'il en était autrement, ce serait l'acquittement inévitable.

Nous étudierons plus loin la discussion de la peine dans

fenseur (Code autrichien). Il y a là un progrès et de nouvelles garanties
pour la défense. Mais, comme il est bien clair que ce n'est pas pour les
aider à trancher la question de culpabilité que le président discute avec
les jurés, ce ne peut être que pour leur permettre de statuer sur le droit
et, en conséquence, sur la peine.

(1) Cass., 3 mars 1826 ; 1er octobre 1846.

(2) Nombreux arrêts de la chambre criminelle : 26 mai ; — 13 octobre
1826 ; — 5 mai 1827 ; — 28 janvier 1848 ; — 25 juillet 1867 : 4 août 1871
etc. La Jurisprudence a même fini par décider qu'il y avait *présomption
de droit* que le président avait été mandé par le jury (Cass., 14 octobre
1827 ; — 9 août 1845).

(3) Cass., 15 juin 1876.

la Chambre des jurés et l'étrange demi-pouvoir qui leur est accordé de participer à la question de droit, conséquence illégale mais logique de notre procédure criminelle.

Voilà de quelle façon la question de pénalité est indiquée au jury. Nous allons voir maintenant quels sont les procédés qui lui permettent de l'appliquer.

§ 2. *Des différents procédés par lesquels le jury parvient à participer à l'application de la peine.*

Les débats terminés, l'huissier reconduit les jurés dans la salle de leurs délibérations. Assis autour de la grande table ovale, ils commencent à discuter ainsi que le leur permet la loi. Mais ce que la loi n'avait pas prévu, c'est que cette discussion porte immédiatement sur la peine dans toutes les affaires (et ce sont, de beaucoup, les plus nombreuses) où la culpabilité ne fait aucun doute. Cette fois, le jury est entré dans la phase active de son rôle. Jusqu'ici spectateur (1), il va devenir acteur et acteur influent puisque c'est de son verdict que dépendra la peine. Nous avons vu que tout le monde, pendant le procès, s'était efforcé (c'est du moins ce qui arrive presque toujours) de lui montrer l'importance de son rôle en lui indiquant minutieusement les réponses qu'il devait faire pour obtenir telle ou telle condamnation. Le jury a compris (ou n'a pas compris); mais ce qu'il sait très bien maintenant c'est qu'il est tout naturel de répondre avec plus ou moins de

____

(1) Les jurés usent, comme on le sait, fort rarement du droit de poser des questions aux témoins. S'ils le faisaient plus fréquemment, ce seraient de continuelles nullités de procédure qu'entraîneraient ces questions qui réflèteraient presque nécessairement leur opinion sur l'affaire.

sincérité aux questions posées. De sorte que jamais, la trop fameuse théorie de l'omnipotence ne fut plus en usage. Le questionnaire c'est une formalité, une pure formalité, on l'a répété au juré. Ce qu'il veut désormais, c'est le pouvoir de doser la pénalité, de condamner à son gré et ce pouvoir, il va chercher à l'obtenir par tous les moyens.

Or, il y a trois procédés principaux qui permettent au jury de modifier complètement la criminalité d'un acte et par conséquent la pénalité de son auteur :

1º La réponse négative aux questions de circonstances aggravantes.

2º L'admission des circonstances atténuantes.

3º La réponse négative sur la question principale, suivie d'une réponse affirmative sur la question subsidiaire.

Nous allons les passer brièvement en revue.

1º *Réponse négative aux circonstances aggravantes.* — Comme leur nom l'indique, les circonstances aggravantes sont des causes d'augmentation de la pénalité. Souvent même, elles constituent à elles seules la qualification criminelle d'un fait qui, en leur absence, se trouverait puni de simples peines correctionnelles. Ainsi, le vol simple (soustraction frauduleuse de la chose d'autrui) est un délit puni de cinq ans d'emprisonnement au maximum. S'il est commis par un domestique au préjudice de son maître, il devient un crime et la peine est portée à cinq ou dix ans de réclusion. D'autre part, s'il est commis avec les cinq circonstances de l'art. 381 P. la peine est celle des travaux forcés à perpétuité ; elle descend d'un degré si une seule de ces circonstances est relevée à la charge du coupable. Il est facile de voir par là les consé-quences véritablement considérables d'une réponse négative sur cette question. Dans le premier cas, en écartant la circonstance aggravante d' « homme de scrvice à gages », le jury transforme le fait en un simple délit. Mais, cela importe peu, puisque le jury se trouve toujours compétent, quand, au cours des débats, l'infraction change de qualification. Dans ces conditions, lorsque le jury estime la peine trop sévère, il trouve là un moyen de soustraire l'accusé au châtiment que le Ministère public réclamait contre lui. Dans l'espèce que nous proposions, la qualification de salarié ne peut faire le moindre doute (sauf dans des cas fort rares), l'accusé est le premier à la reconnaître. En répondant « Non » à la question posée, le jury affirme « sur son honneur et sa conscience » un « *fait* » *contraire à la vérité*. Mais c'est bien là ce qui le préoccupe le moins, ne lui a-t-on pas dit tout à l'heure qu'il *pouvait* agir ainsi ? L'accusé mérite une certaine indulgence, les conséquences du crime ne sont pas graves, le patron ayant été désintéressé par son employé ou son domestique, et le jury qui n'a en vue que la réduction de la peine, n'hésite pas à nier l'évidence et à faire un de ces « pieux mensonges » qu'on lui a tant reprochés jadis. C'est là un fait qui se passe journellement non seulement en France mais dans tous les autres pays où le jury n'est pas appelé à participer directement à l'application de la peine : l'Angleterre, elle-même, en a fait plus d'une fois l'expérience. M. Rey dans ses *Institutions judiciaires de l'Angleterre*, rapporte le fait suivant. Au temps où l'importance de la somme volée était considérée comme une circonstance aggravante de sorte que la Common law punissait de mort le vol qui dépassait quarante shellings, une femme Bridget Mackalister fut déférée au jury sous l'accusation de

soustraction frauduleuse d'un billet de dix livres sterling.
Bien qu'il n'y eût aucune contestation sur la valeur du
billet, les jurés estimant la peine trop sévère, n'hésitè-
rent pas à déclarer que le billet était seulement de
trente-neuf shellings et écartèrent ainsi la circonstance
aggravante. Comme les jurés français, les jurés d'Angleterre aimaient mieux mentir que prononcer une
condamnation qu'ils considéraient comme une injustice.

C'est ainsi que, tous les jours, on voit devant les Cours
d'Assises, des circonstances aggravantes rejetées malgré
les faits, les témoignages, les aveux les plus probants.
Les jurés, n'ont ni l'obligation ni le pouvoir de motiver
leur verdict. Il en résulte que celui-ci est inattaquable
parcequ'il est inexpliqué. Le jury, en apparence, n'a fait
que se prononcer sur le « fait », comme c'était son droit.
Mais, en réalité, qui ne voit que le point de fait a été
volontairement écarté ?

Parfois, de singulières contradictions en résultent, contradictions voulues, du reste et qui ne paraissent inex-
plicables qu'aux yeux de ceux qui ne veulent pas, ou ne
peuvent pas étudier la pensée des jurés.

C'est principalement en matière de complicité qu'elles
se rencontrent. D'après notre Code pénal, le complice
est puni de la même peine que l'auteur principal et l'on
sait avec quelle sévérité la jurisprudence a interprété ce
texte. De l'avis de tout le monde, les circonstances aggravantes objectives s'appliquent aussi bien au complice
qu'à l'auteur principal. La Cour de Cassation a été beaucoup plus loin encore et elle soutient que presque toutes
les circonstances subjectives qui aggravent la peine pour
l'auteur principal, produisent le même effet à l'égard de
son complice. Nous n'avons à discuter ici ni l'article

59 ni l'interprétation de la jurisprudence. Nous ferons seulement remarquer que les plus vives critiques ont été formulées contre le système du Code et qu'il est probable qu'elles aboutiront tôt ou tard. En fait, il y a différentes sortes de complices et le fait d'appliquer à tous la même règle conduit à des résultats fort contestables et, pour tout dire, souvent injustes. L'article 385 punit de la peine des travaux forcés à temps le vol commis même pendant le jour par deux personnes, au moins, dans une maison habitée, à la condition que l'un des voleurs fût porteur d'armes apparentes ou cachées. Or, voici une espèce qui se présente fréquemment dans la pratique :

Deux cambrioleurs pénètrent dans une maison ; l'un d'eux a une arme ; un complice qui, lui, n'est pas armé, se tient sur le seuil de la maison chargé de faire le guet. Lorsqu'une affaire de ce genre se présente en Cour d'Assises, il arrive le plus souvent que le complice se trouve être le plus intéressant des trois : jeune, semblant parfois avoir été entraîné par des camarades plus pervertis, il n'a joué qu'un rôle fort secondaire et, en un mot, ne paraît pas indigne de pitié. Cependant la peine qui le menace est la même que pour les deux auteurs principaux. Cette peine — on l'a expliqué au jury — est de vingt ans de travaux forcés, peut-être de dix ans, mais les jurés ne peuvent pas savoir les intentions de la Cour et ils doivent toujours prévoir le maximum. Qu'arrive-t-il ? Le jury répond en ce qui concerne les deux premiers accusés que la maison était habitée et en ce qui concerne le troisième, qu'elle ne l'était pas. Peut-on dire qu'il y ait contradiction entre les trois réponses sur la circonstance aggravante ? En théorie, oui. Mais il est bien facile, en fait, de voir à quel mobile le jury a obéi.

— Autre exemple : En mai 1895 un arrêt de la Chambre criminelle déclarait contradictoire la déclaration d'un jury qui, après avoir reconnu deux accusés coupables du même crime de suppression d'enfant, répondait pour l'un que l'enfant avait vécu et pour l'autre, qu'il n'avait pas vécu (1). Il n'était certes pas malaisé de comprendre la volonté du jury : punir moins sévèrement l'un des accusés, probablement la mère, et pour cela, il répondait négativement bien que le fait ne présentât aucun doute. Là non plus il n'y avait aucune contradiction : le jury avait violé la loi parce qu'il ne pouvait la respecter.

2° Admission des circonstances atténuantes. — Le second procédé dont se sert le jury pour participer à l'application de la loi consiste dans l'emploi des circonstances atténuantes tel que l'a réglé la loi de 1832. Pas plus que le rejet des circonstances aggravantes, l'admission des circonstances atténuantes n'est motivée; par conséquent, quelque soit le motif qui les fasse accorder à un accusé, le verdict n'en est pas moins valable. On s'est plaint de leur fréquence. Mais, il faut bien remarquer que constituant le moyen le plus pratique qui soit, en ce moment, à la disposition des jurés pour manifester leur opinion sur la pénalité, elles sont l'expression de sentiments divers.

Tantôt elles sont accordées parce que la peine portée par la loi semble hors de proportion avec la criminalité du coupable.

Tantôt elles permettent au jury, représentant de la conscience publique, d'écarter un châtiment que l'adoucissement des mœurs et les progrès de la civilisation font

____

(1) **Répertoire de Fuzier-Hermann**. — *Cour d'assises,* n° 4492 *bis.*

considérer comme trop sévère pour certains crimes, ou en
désaccord avec la grande idée de pitié dont les manifestations, qu'on retrouve à chaque réforme de la loi criminelle
faisaient dire à Ihering : « L'histoire de la peine est une
abolition constante ».

C'est ainsi que les circonstances atténuantes servent
quotidiennement à écarter la peine de mort. Le législateur
de 1832 l'avait bien pensé et s'en était félicité. « Qu'importe, disait-il, que la peine de mort soit une peine égale
pour tous et qui ne peut, par conséquent, s'appliquer avec
équité à des crimes souvent inégaux si l'admission des
circonstances atténuantes permet d'écarter la peine de
mort dans les cas les plus favorables (1) ». Malgré les
efforts des partisans de la peine capitale, malgré leurs
livres, leurs discours, et les arguments qu'ils y ont
développés, elle apparaît de plus en plus comme inconci-
liable avec nos idées, nos mœurs, notre état social tout
entier. Excessivement fréquente au siècle dernier, peu à
peu son domaine s'est restreint presqu'aux seuls crimes de
sang — dernier vestige de la loi du talion. — Un grand
nombre de législations étrangères l'ont abolie. Nous ne
disons pas qu'il en sera de même chez nous ; nous ne le
souhaitons pas. Mais nous croyons que la peine de mort
finira par ne plus être appliquée et que, reléguée dans
l'arsenal de nos lois, on ne l'en fera sortir que dans des
cas tout à fait exceptionnels, lorsque l'exigera impérieusement la défense de la société (2). De pareilles idées sont
de celles qui se font jour dans toutes les classes ;

(1) Rapport de la Commission, Chauveau, *op. cit.*
(2) Cs. sur ce sujet une étude qui indique assez bien l'état actuel de
l'opinion sur cette question : Pierre Massonneau, *Devant l'échafaud*, Paris,
1900.

les jurés les ressentent, ils les approuvent. Au moment de rendre leur verdict, ils sont arrêtés par la vision de l'échafaud qui se prépare et dans la plupart des affaires où une condamnation à mort pourrait intervenir, il y a une déclaration de circonstances atténuantes qui l'écarte.

3° Réponse négative sur la question principale, suivie d'une réponse affirmative sur la question subsidiaire. — Le dernier moyen que la jurisprudence, sinon la loi, offre au jury de participer à la peine, c'est la question subsidiaire.

La faculté de poser des « questions subsidiaires résultant des débats » n'était pas accordée aux magistrats sous la loi du 16-29 septembre 1791. Mais le Code du 3 brumaire de l'an IV l'autorisa formellement dans son article 373. Le Code d'Instruction criminelle de 1810 s'en inspira et dans son article 338, il décide que « s'il résulte des débats une ou plusieurs circonstances aggravantes non mentionnées dans l'acte d'accusation », il pourra être posé une ou plusieurs questions spéciales. La pratique ne tarda pas à admettre que cette disposition était simplement énonciative et maintenant on ne fait aucune difficulté de reconnaître que toute circonstance modifiant, *en quelque sens que ce soit*, l'acte d'accusation, peut faire l'objet d'une question spéciale ; il suffit que le fait qui lui donne naissance ne soit pas différent de celui qui a été l'objet de l'arrêt de renvoi. — C'est ainsi qu'a été inventée la question subsidiaire.

Il a dû arriver bien rarement qu'on l'ait posée au sujet d'une circonstance aggravante découverte pendant les débats de la Cour d'Assises. Mais, il arrive tous les jours qu'elle serve de dernier rempart à une accusation faible, en permettant au jury d'éviter le dilemme d'une peine exagérée ou d'un acquittement injuste. On peut dire que c'est, actuellement, le seul but de la question subsidiaire. Son admission, de même que le rejet des circonstances aggravantes, permet au jury de changer la qualification de l'acte qui lui est soumis, c'est-à-dire de pénétrer sur le domaine des attributions de la Cour.

Les deux principales questions subsidiaires, d'un usage courant sont : la question de coups et blessures ayant entraîné la mort, dans une affaire de meurtre, et la question de suppression d'enfant dans un procès d'infanticide. On les emploie très fréquemment alors même qu'aucun doute ne saurait subsister sur le caractère juridique de l'acte.

Que signifient, en effet, la question de coups et blessures quand l'accusé reconnaît avoir voulu se débarrasser d'un rival gênant? et la question de suppression d'enfant (crime d'état-civil) lorsqu'une fille-mère avoue avoir étranglé son enfant pour cacher son déshonneur?

C'est là, peut-être, le moyen le plus curieux qu'ait trouvé la pratique de faire participer le jury à l'application de la peine. C'est un de ces « pieux mensonges » qui font depuis longtemps toute la base de notre procédure d'Assises et par lesquels on essaie de concilier avec les légitimes aspirations du jury, les utopies du législateur.

Malheureusement, c'est un moyen qui reste complètement à la discrétion des magistrats. En Angleterre, le jury est le maître de la qualification légale du fait qui lui est soumis et c'est lui qui prend l'initiative de ce qu'on nomme la *disqualification*. En France, si la Cour refuse de poser la question subsidiaire, le jury ne peut la déclarer. Et alors, effrayé du rôle qu'on l'oblige à jouer, révolté de

ce qu'il estime, — souvent avec raison — une injustice
légale, il préfère acquitter.

Les trois procédés que nous venons d'étudier sont des
moyens légaux, accordés par la loi elle-même, aux juges
du fait d'empiéter sur le terrain des juges de la peine (1).

Il nous reste à parler d'un autre procédé, absolument
illégal celui-là, qu'on blâme unanimement sans vouloir
comprendre qu'il est impossible qu'il en soit autrement.

Nous avons vu plus haut le droit singulier que la jurisprudence de la Cour suprême accordait au président
d'Assises de se rendre, seul, dans la Chambre où délibère
le jury. La plupart du temps, ce n'est pas pour expliquer
la peine aux jurés qu'il se rend à leur appel, c'est pour la
leur « marchander » comme on l'a dit irrévérencieu-
sement.

Le juge du fait connaît, d'une manière générale, les
conséquences de son verdict, ce n'est pas assez pour lui,
il veut qu'on lui *précise* la peine qui sera infligée et
si on ne le satisfait pas, il lui reste toujours la suprême
ressource de l'acquittement. Ce n'est pas un rensei-
gnement qu'on va demander au président d'Assises, c'est
un engagement qu'on va presque lui imposer.

Les pouvoirs de la Cour sont vraiment trop larges par
rapport à ceux du jury, depuis le « compromis » de 1832.
Sans doute, on a reconnu aux jurés le droit d'accorder des
circonstances atténuantes, c'est-à-dire de faire descendre
la peine d'un degré. Mais la Cour a toujours le droit de
descendre d'un second degré, ce qui lui permet d'atténuer

---

(1) Comme nous l'avons dit, l'emploi de la question subsidiaire est dû,
surtout, à une interprétation un peu large d'un texte de loi.

considérablement la pénalité. Ce pouvoir si large réservé à la Cour ne peut qu'indisposer le jury en lui montrant une fois de plus, l'éternelle défiance qu'on lui témoigne.

En matière d'assassinat, la peine est la mort. L'admission des circonstances atténuantes la changera en celle des travaux forcés à perpétuité. Là s'arrête le rôle du jury. Mais, il sait (on le lui a assez clairement expliqué à l'audience) que la Cour peut descendre jusqu'à cinq ans de travaux forcés. Cette latitude d'appréciation si considérable et qui lui échappe, inquiète le jury. Placé en présence d'un crime qu'il ne veut pas acquitter et d'un criminel qu'il ne veut pas condamner à perpétuité, il hésite, s'adresse au président et lui demande « ce que fera la Cour ». Consentira-t-elle à faire descendre la peine de deux degrés, à appliquer le minimum, dans certains cas à accorder la loi Bérenger ?

Mais, le président est un magistrat, il doit respecter la loi et la loi ne lui permet pas de parler. Et puis, ce qui est bien plus grave encore, il est seul, en ce moment, au milieu des jurés. Comment pourra-t-il s'engager au nom de ses assesseurs, les deux magistrats muets et presque inutiles durant tout le procès, mais qui jouent un rôle important au moment du jugement.

Néanmoins, malgré toutes les difficultés que présente un pareil compromis, bien que personne ne sache ce qui se passe secrètement entre les jurés et le président, ce n'est un mystère pour personne que des engagements de ce genre interviennent journellement entre la Cour et le jury. Mais, avec notre législation actuelle, un semblable procédé est une illégalité. Et comme il est toujours dangereux de se livrer à des transactions qu'on ne peut pas avouer, bien qu'elles soient de nécessité absolue, il arrive quelquefois que de regrettables malentendus se produisent.

Il n'y a pas bien longtemps, à Paris, le jury se plaignit d'avoir été « trompé » par le président de la Cour et, devant une condamnation très sévère, exprima l'extrême mécontentement que lui causait le manquement à la parole donnée. Il y avait là évidemment une erreur de la part du jury. On ne lui avait rien promis « formellement », parce qu'on avait estimé qu'on ne devait rien lui promettre. Seulement, dans la singulière situation où se trouvent président et jurés dans la salle des délibérations, peut-être celui-là avait-il laissé échapper un mot peu précis que ceux-ci avaient pris pour une promesse formelle d'indulgence. Quoi qu'il en soit, les jurés ne comprirent pas, ils se crurent « joués » et plusieurs verdicts d'acquittement successifs, dont profitèrent quelques misérables indignes de toute pitié, furent la réponse du jury à une condamnation qu'il jugeait trop sévère.

Le juré s'était vengé du juge !

En présence de tels résultats, on peut se demander à quoi servent tant de contradictions. Vous refusez au juge du fait la connaissance de la loi, c'est-à-dire de la peine ; mais vous vous sentez obligés de laisser le président de la Cour venir discuter cette loi, promettre de mitiger cette peine. Dans ces conditions, quoi d'étonnant à ce que ces juges d'un jour ne comprenant plus quel est leur rôle, répondent par l'inconséquence de leurs verdicts à l'inconséquence du législateur !

＃ CHAPITRE III

CHAPITRE III

Législation Etrangère

Envisagées quant aux droits qu'elles accordent au jury
de participer à l'application de la peine, les législations
étrangères présentent trois types bien distincts. Elles
peuvent donc se classer en trois groupes que nous étudierons
séparément.

Nous avons, d'abord, le jury anglo-américain, le jury
type qui, en apparence, n'a guère changé d'attributions
depuis sa création, mais qui, en réalité, est peu à peu
sorti de ses fonctions, a évolué, s'est transformé et a
fini par élargir son rôle tout en s'appuyant sur la légalité.
Ce qui distingue ce premier système, c'est la confusion
du fait et du droit.

En second lieu, nous verrons les législations qui ont
copié le jury français, comme elle ont essayé de s'assimiler
nos idées et de donner droit de cité à nos mœurs. Presque
toutes ont suivi nos errements, ont cru que le juré,
simple « expert de la preuve », ne songerait jamais à
sortir de son rôle. Chez elles, comme chez nous, le jury
a donné de mauvais résultats et souvent l'on s'est demandé
s'il n'y avait pas lieu de l'abolir.

Enfin, en troisième lieu, se trouvent les rares législations
qui, frappées des inconvénients et des impossibilités que
présentait notre système, n'ont pas hésité à modifier
profondément leurs Codes de procédure criminelle. Avec
plus ou moins de hardiesse et plus ou moins de bonheur,
elles ont essayé de ne pas séparer l'inséparable et de

permettre légalement au jury de statuer sur la culpabilité tout entière en prononçant non seulement sur le fait et le droit, mais aussi sur la peine. Elles se sont efforcées de reconnaître législativement le concours entre magistrats professionnels et magistrats populaires, concours dont la nécessité est devenue si évidente qu'on en est arrivé, dans la pratique, à surmonter les prohibitions légales. Quelques-unes ont même été plus loin et ont entrevu, sinon tout à fait réalisé, une fusion complète entre l'élé-ment professionnel et l'élément populaire, en formant des collèges judiciaires : les tribunaux d'assesseurs. Elles se sont ainsi ralliées à une application nouvelle et curieuse de la participation des simples citoyens à l'administration de la justice, que nous étudierons dans un prochain cha-pitre.

Premier Groupe

Le Jury en Angleterre et dans l'Etat de New-York. — Le verdict « *not guilty* ». — La Disqualification.

En abordant l'étude du jury anglo-américain et de sa participation à l'application de la peine, nous voulons, tout d'abord, faire remarquer que nous n'entendons pas établir de comparaison entre le jury anglais et le nôtre. Notre opinion est que c'est bien à tort que, du parallélisme de ces deux institutions, on a voulu conclure à une imita-tion, qui, si elle était possible, donnerait, peut-être, de pitoyables résultats. Dans le grand mouvement d'anglo-manie de la fin du siècle dernier, on n'a pas assez compris que le caractère, l'éducation, les mœurs d'un peuple étaient pour beaucoup dans les bons résultats d'une ins-titution parfaitement appropriée au pays qu'elle régissait.

Le jury anglais, en particulier, c'est l'application de la
de la théorie du *self government*, difficilement conciliable
avec nos mœurs et nos idées politiques. En Angleterre,
le jury c'est autre chose et plus qu'une garantie, c'est un
organe dont on ne saurait se passer, auquel on peut à peine
toucher pour y apporter quelque modification insignifiante.
Nous ne pouvons guère qu'enregistrer les résultats, sans
essayer d'en tirer autre chose qu'une indication.

La distinction du fait et du droit (à laquelle se rattache
étroitement, chez nous, celle de la culpabilité et de la
peine), est inconnue au droit criminel anglais. Dans tout
procès il y a des points de fait *(fact)* et des points de
droit *(law)*, mais il sont si intimement liés qu'on estime
qu'il n'y a pas lieu d'en confier la solution à des autorités
différentes. Le jury, sous direction du juge, tranche le procès
pénal tout entier de sorte qu'aucune confusion ne saurait
se produire.

Toutefois, ce pouvoir n'a pas toujours été reconnu au
jury. Il ne date que du fameux procès des quakers de
1670 *(Bushells case)*. Auparavant et pendant une longue
période d'agitation et de crises politiques, les magistrats
avaient prétendu contraindre le jury à se renfermer dans la
simple question de fait. De cette façon, sous prétexte de
trancher la question de droit, ils imposaient le verdict.
Terrorisés par *l'attaint* et les poursuites devant la Chambre
Etoilée, les jurés furent longtemps un instrument docile
aux mains du pouvoir, jusqu'au jour où la décision du
lord Chief justice Vaughan leur reconnut le droit de juger
comme bon leur semblait, sans tenir compte des ordres
de la Cour. Cette décision qui eut pour conséquences la
consécration de l'immunité des jurés et la transformation
du jury de témoignage en jury de jugement, accorda aux

jurés le droit de prononcer un *général verdict* embrassant l'affaire toute entière.

En Angleterre, comme dans l'Etat de New-York, au moment de *l'arraignment*, le « prisonnier » doit nécessairement choisir entre les deux *pleas* : *guilty*, ou *not guilty*. L'aveu tenant lieu de preuve, c'est seulement quand l'accusé plaide non coupable qu'il est jugé par le jury.

Dès que les plaidoiries (ou plutôt les examens contradictoires des témoins) sont terminées, le juge fait au jury un résumé (*charge*) dans lequel, d'une façon très concise, il expose l'affaire et les conséquences légales qui en découlent. Ce résumé a une importance considérable en droit anglais. C'est un moyen qu'on a imaginé « pour échapper à l'inconvénient d'imposer au jury des fonctions qui sortent de sa compétence et pour l'accomplissement desquelles il lui manque une connaissance indispensable de la loi ».

Ni à Londres, ni à New-York, on ne pose de questions au jury. Celui-ci ne répond qu'à l'acte d'accusation, pivot de tout le procès pénal (1). Comme nous l'avons dit, la Cour et le jury participent à la solution des questions de droit et de fait ; la Cour, lorsqu'au milieu du procès, estimant que l'accusation n'est pas sérieuse, elle ordonne au jury d'acquitter (2) ; le jury, parce qu'il statue sur le fait, l'intention et la qualification légale, et participe ainsi non seulement aux questions de droit les plus délicates, mais encore à *l'application de la peine*.

---

(1) Ce système ne laisse pas que de présenter des inconvénients en cas de cumul d'infractions et lorsque les débats modifient la qualification exposée dans *l'indictment*.

(2) Cet ordre de la Cour est obligatoire pour le jury, parcequ'il profite à l'accusé.

C'est ce dernier point qui doit surtout nous occuper ; nous allons lui consacrer quelque développement.

Il y a deux principaux verdicts que peut rendre le jury : le *speciai verdict* et le *general verdict*. L'un, destiné à éviter aux jurés les difficultés des questions juridiques, ne vise que la question de fait (1). Mais l'autre, celui qui est de beaucoup plus fréquent dans la pratique, celui qui embrasse tout le procès, présente trois formes principales :

« Le « prisonnier » (accusé) est coupable » (2).

« Le « prisonnier » n'est pas coupable » (3).

« Le « prisonnier » est coupable de tel crime » (lorsqu'il y a modification de qualification).

1° « *L'accusé est coupable.* » — Le jury déclare la culpabilité de l'agent et la criminalité de l'acte, il n'a aucun pouvoir sur la peine. Le droit anglo-américain a toujours ignoré les circonstances atténuantes et les singuliers compromis auxquels elles donnent lieu. Le jury peut recommander l'accusé à la clémence du juge (ce qui lui vaudra toujours une atténuation de peine), mais il y a loin de cette sorte de « recours en grâce » à cet empiètement sur la question de pénalité que la loi de 1832 a reconnu à nos jurés.

Mais il ne faudrait pas en conclure qu'en Angleterre, c'est le juge seul qui est maître absolu de la peine. Nous allons voir le rôle, parfois considérable, du jury sur cette matière.

(1) Texte du *spécial verdict* : « S'il paraît au juge que ces faits constituent tel crime, le jury déclare l'accusé coupable de ce crfme, mais si ces mêmes faits, selon l'opinion du juge, ne constituent pas tel crime, le jury déclare l'accusé non coupable de ce crime. »

(2) Ce verdict consiste dans le simple mot « *guilty* », prononcé par le chef du jury.

(3) « *Not guilty* »

2° « *L'accusé n'est pas coupable.* » — Les témoins ont déposé sur les circonstances du fait, la Cour a expliqué le droit au jury. Par sa brève réponse : « *Not guilty* » le jury a-t-il voulu dire que l'accusé était innocent, que le fait n'était pas un acte délictueux ? A-t-il, au contraire, trouvé trop sévère la peine, dont personne n'a le droit de lui parler mais qu'il connaît presque toujours ? C'est un secret plus impénétrable encore que celui des verdicts français. Personne ne sait à quel mobile a obéi le jury, et personne ne peut le lui demander.

Il y a lieu de dire ici un mot du droit de contrôle de la Cour. La participation du jury à la question de droit, a fait tout naturellement admettre, en faveur du juge, un pouvoir de vérification sur le verdict (*general control of the Courts over the procedure*). Mais, il ne faudrait pas y voir un dernier reste de la procédure *d'attaint*. Les pouvoirs du juge viennent se briser devant le verdict négatif. En Angleterre, la Cour peut faire recommencer la délibération jusqu'à trois fois, après quoi, si le jury n'a pas modifié sa sentence, l'accusé est remis en liberté. Devant le courant d'opinion s'opposant à l'immixtion du juge dans le verdict d'acquittement, le Code de Procédure Criminelle de l'état de New-York a été plus loin encore et a réalisé une réforme réclamée de tous côtés : Le verdict doit être enregistré (*recording*), de suite, s'il est négatif (1). Ainsi donc, le jury est libre : il peut, comme en France, rendre, une sentence d'acquittement pour un crime prouvé alors qu'aucun doute ne subsiste sur la culpabilité de l'accusé. En fait c'est ce qui est arrivé souvent. Il est si naturel que le juge du fait pense à la peine, en rendant

____

(1) *Code de Procédure Criminelle de l'Etat de New-York*, sect. 447. — Cf. les sect. 448 et 449.

son verdict que le jury d'Angleterre n'a pas toujours évité de sévères reproches. Nous devons toutefois remarquer que le juré anglais a tant de confiance et de respect pour le juge qui, avec une si haute impartialité, dirige les débats, tant de bon sens naturel, une si grande idée de sa mission, qu'il a évité bien des écueils contre lesquels sont venus échouer les jurés du continent.

Toutefois, en Ecosse, où existe une troisième sorte de verdict, le verdict *not proven* (non prouvé) (1), de véritables abus ont été signalés. Il est arrivé souvent que les Ecossais ont préféré se contenter de la suspicion que laisse après lui un pareil verdict, plutôt que de prononcer une peine hors de proportion avec le crime, ou trop sévère pour le criminel.

3° « *L'accusé est coupable de tel crime.* » — C'est surtout avec ce dernier verdict (très fréquent bien qu'il semble exiger des connaissances techniques développées) que le jury est arrivé à participer indirectement, mais très réellement, au dosage de la pénalité.

Il y est arrivé par l'application légale des principes de la *disqualification*.

Le jury anglo-américain juge la qualification criminelle des faits délitieux et il lui est donc permis de

____

(1) A propos du verdict : *not proven*, il n'est pas sans intérêt de rappeler ce qui se passe en France, dans les Conseils de guerre. Ces tribunaux qu'on pourrait comparer à un jury spécial statuant *seul* sur la culpabilité et la pénalité, prononcent fréquemment des « acquittements à la minorité de faveur. » Ceux-ci n'ont le plus souvent d'autre cause que la trop grande sévérité de la peine, dans les nombreux cas où le Code de justice militaire ne permet pas d'accorder à l'accusé le bénéfice des circonstances atténuantes.

déclarer que les débats ont modifié celle que visait l'acte d'accusation (1).

Quand, après le procès Bushell, il fut bien établi qu'il statuait non seulement en fait, mais en droit, le jury prétendit bientôt et tout naturellement doser lui-même la peine comme il avait dosé la culpabilité. Ce sentiment du jury fut plus fort que tout et pour remédier à de trop fréquents verdicts « *not guilty* », il fallut modifier la *Common law*. C'est exactement ce qui eut lieu, en France, au commencement du xixe siècle, tant il est vrai que les législations, lorsqu'elles heurtent de la même façon la conscience populaire, conduisent aux mêmes abus. Seulement, chez nous, la séparation du fait et du droit ne pouvait aboutir qu'aux circonstances atténuantes tandis qu'en Angleterre la *Statut law* dut autoriser le jury à qualifier le crime moins sévèrement que ne l'avait fait l'acte d'accusation (*indictment*), d'où obligation pour le juge de prononcer une peine moins sévère.

Ce n'est que peu à peu que s'introduisit la disqualification. Tout d'abord, la répulsion du jury anglais pour la peine de mort, ayant causé nombre d'acquittements scandaleux, un statut dut autoriser la disqualification de l'assassinat en meurtre. Puis, successivement, d'autres statuts durent permettre de modifier l'incrimination pour l'infanticide (2) et le meurtre (3) jusqu'au jour où enfin un statut plus libéral généralisa la disqualification (4).

---

(1). Nous aboutissons au même résultat, en France, au moyen de la question subsidiaire, mais il faut remarquer qu'il est nécessaire qu'elle soit posée par le président de la Cour d'Assises.

(2) Georges IV ; statut 9, ch. 31, sect. 14.

(3) William 7, 4, 1. — Victoria ch. 85 sect. 11.

(4) La théorie de la disqualification est réglée pour l'Etat de New-York par les sections 10, 35 et 683 du Code Pénal et les sections 444 et 445 du Code de Procédure criminelle.

La disqualification ne peut jamais aggraver le crime prévu dans l'acte d'accusation car l'accusé n'a pas pu présenter sa défense sur la nouvelle incrimination. Au contraire, lorsqu'elle a pour but de modifier la criminalité en l'atténuant, elle se présente dans trois cas :

a) L'infraction est susceptible de degrés. — Dans ce cas, le jury peut toujours ne reconnaître dans son verdict que le degré inférieur à celui prévu dans l'*indictment*. Ainsi l'homicide peut présenter trois degrés : l'assassinat (*murder*), le meurtre (*manslaugter*), les coups et blessures (*assault*). Si le jury trouve la peine de l'assassinat trop dure, s'il croit qu'il existe des circonstances atténuantes en faveur de l'accusé, il n'aura pas le droit de le déclarer ; mais alors, s'il rend un verdict pour *assault*, qui pourra le lui reprocher ? Personne, évidemment et le résultat aura été identiquement le même que si un jury français avait admis une question subsidiaire en repoussant les questions principales.

Il en sera de même pour le vol qualifié (*burglary*) qui pourra être changé en vol simple (*larceny*).

L'un des cas les plus intéressants (parce qu'il confirme pleinement les observations présentées plus haut sur les résultats du défaut de concordance de la peine avec la réprobation que le public attache au fait), c'est l'infan-

Un certain nombre d'États de l'Amérique du Nord n'admettent pas cette théorie (sauf le Massachussets et la Virginie qui permettent de disqualifier l'assassinat seulement). Un principe de procédure, qui pose des règles différentes pour le jugement des crimes et des délits, est le grand obstacle auquel se butent ces législations.

En Ecosse, où le même principe existe, toutes les fois que la peine semble hors de proportion avec le crime, l'avocat de la Couronne a soin de viser dans son *indictment* les différentes qualifications dont l'acte incriminé est inceptible.

ticide. Les jurés anglo-américains peuvent toujours, sans avoir à rendre compte à personne des motifs de leur verdict, le qualifier dissimulation de grossesse.

b) Une même personne est poursuivie pour des crimes et délits commis cumulativement. Un même fait peut donner naissance à plusieurs infractions. En ce cas, les juristes anglais et américains admettent la règle du non-cumul. Une seule poursuite est intentée mais elle peut (et, en fait, il en sera le plus souvent ainsi), viser l'infraction la plus grave. Il est loisible au jury d'écarter cette qualification et de ne retenir que l'infraction la plus légère, substituant ainsi un délit à un crime.

c) Enfin, le jury peut, dans certains cas, substituer la qualification de complice à celle d'auteur principal, le complice étant puni de peines moins graves.

Comme on peut le voir, le droit de disqualification est un pouvoir considérable que la loi a mis entre les mains du jury. En théorie, c'est une arme confiée aux jurés pour corriger les excès de magistrats trop peu indépendants, ou les erreurs d'un jury d'accusation. En réalité, c'est un moyen pour le jury de participer à l'application de la peine en faisant de l'individualisation judiciaire. Le contrôle de la Cour étant inefficace, comme nous l'avons vu, il est facile de se rendre compte des excès qui peuvent être commis.

Au commencement du XIXe siècle, sir Richard Philipps (1) parlait des « grands abus » que ce système pouvait entraîner. Longtemps, en effet, le jury a trouvé dans la disqualification, un moyen de corriger la loi. Mais depuis l'adoucissement des peines, la restriction considérable

(1) Richard Phillips. *Des Pouvoirs et des droits des jurys.*

des cas d'application de la peine de mort, il est certain
que le jury use de son droit avec modération. « Des vues
telles que celles qui sont souvent répandues, notamment en
France, sur l'omnipotence du jury, seraient incompatibles
avec la haute idée que les jurés anglais se font de leurs
devoirs et avec leur esprit pratique » (1). Toutefois,
Mittermaier à qui nous empruntons ces lignes, reconnait
qu'il est loin d'en être toujours ainsi. En matière
d'assassinat, la gravité de la peine (2) est presque
toujours le seul motif de la disqualification. Des critiques
récentes se sont élevées qui semblent bien montrer que
l'Angleterre commence à s'apercevoir qu'il est dangereux
de ne pas demander à celui qui affirme la culpabilité, de
se prononcer sur le quantum de la peine.

Quoiqu'il en soit et malgré son mauvais recrutement,
malgré la déplorable facilité avec laquelle on peut à
New-York « composer son jury » (3), il est certain que le
jury anglo-saxon a fait produire à l'institution de la justice populaire presque tout ce qu'on pouvait en attendre.
Mais cela ne saurait rien prouver en faveur de l'introduction d'un système semblable en un autre pays. En effet,
(et nous ne saurions trop insister sur ce point), nous nous
trouvons, ici, en présence d'une procédure parfaitement
adaptée au caractère et aux mœurs du pays où elle a pris
naissance, « à cet esprit d'ordre, de soumission et de

(1) Mittermaier. *Histoire de la procédure criminelle en Angleterre.*
(2) La peine de mort.
(3) Cs. *The Nation*, année 1886 et *The Forum*, V, 3. 102. — La conséquence des verdicts trop peu impartiaux du jury américain est la subsis-
tance des *Comités de vigilance.* On sait qu'ils ont pour but et pour
mission d'appliquer la *loi de Lynch*, — honte suprême d'une nation
dont la civilisation est aussi avancée, — qui semble, de plus en plus,
quoiqu'on en dise, s'élever à la hauteur d'une institution d'Etat.

discipline, de respect pour l'autorité, qui caractérise les Anglo-saxons » (1).

Deuxième groupe

Législations qui se sont inspirées du système français.

Presque toutes les législations d'Europe rentrent dans ce second groupe, parce que, presque toutes, elles ont été dominées par le Code français. L'Allemagne, l'Autriche, l'Espagne, l'Italie, la Russie, pour ne citer que les principales, ont admis dans leurs Codes criminels notre séparation des magistrats et des jurés et ont distingué l'élément professionnel de l'élément *laïc*. Les rapports entre les deux magistratures consistent dans le questionnaire rédigé par le président d'Assises.

Nous n'avons qu'un mot à en dire.

Presque calquées sur la législation criminelle française, elles ont adopté, en effet, tous les vices d'une distinction trop subtile pour être pratique. Presque toutes ont séparé le fait du droit, ont cantonné le jury dans le jugement de la preuve en lui refusant le pouvoir de qualifier le crime. Toute sont réservé la question de la peine au juge de carrière. Mais, imitant jusqu'au bout la procédure française, elles ont été amenées à admettre le système des circonstances atténuantes. Le jury ne juge que le fait, mais chaque fois que la peine lui semble trop sévère il modifie la peine en atténuant le fait.

Les résultats d'un pareil système ne se sont pas fait attendre. Ils ont été semblables à ceux que nous avons

____

(1) D. Manuel Silvela, *Le Jury criminel en Espagne.*

signalés chez nous, plus regrettables encore, parce qu'au moins nous avons en France certaines vertus de race qui ne se retrouvent pas toujours au même degré dans les classes sociales où, à l'étranger, sont recrutés les jurés. Non seulement, la procédure y est vicieuse, mais encore le juge populaire, pusillanime ou trop facile à corrompre.

Les inconvénients de notre Code d'Instruction criminelle ont été encore augmentés dans la législation espagnole. On sait de quelles éloquentes attaques le jury a été l'objet dans les discussions aux Cortès pendant lesquelles Don Manuel Silvela prononça son fameux réquisitoire. Malgré l'éloquence de ses adversaires, le jury n'en fut pas moins rétabli. Mais on crut atténuer de beaucoup les inconvénients de l'institution en séparant de la façon la plus complète la question de droit de la question de fait. Le Code espagnol présente donc cette singularité qu'il a rétabli les principes sous l'égide desquels le jugement par jury avait été transporté sur le continent, à l'époque où tout le monde est d'accord pour en reconnaître la fausseté, partant le danger. Il n'y a rien d'étonnant, que, dans ces conditions, les criminalistes espagnols émettent une opinion défavorable sur un système dont le législateur a ignoré le mécanisme. Le jury acquitte d'autant plus souvent que si la peine lui paraît trop sévère il n'a pas la ressource, comme en France, de s'adresser au président de la Cour pour lui demander une diminution de pénalité. Les explications dont peuvent avoir besoin les jurés leur sont données par écrit, de sorte que toute violation de la loi est impossible : le jury ne peut pas s'occuper de la question de droit.

En Italie, il est absolument interdit au jury de songer à la peine, lors de la délibération sur la culpabilité de l'accusé (art. 492 à 495). Du reste le Code italien est la reproduction à peu près exacte de notre Code d'Instruction criminelle modifié par la loi de 1832. Il est donc inutile d'insister. Remarquons toutefois que si la justice criminelle fonctionne moins bien en Italie qu'en France cela tient non à la procédure mais à des causes que nous avons déjà étudiées.

Le Code de Procédure pénale allemand a réalisé en partie une modification que nous retrouverons plus complète dans le Code autrichien. Le jury a, dans son domaine, les deux questions de droit et de fait. Ce pouvoir, ici, est reconnu par l'article 300 ainsi conçu : « Le président (de la Cour) sans entrer dans une appréciation des preuves, indiquera aux jurés les points de droit qu'ils devront prendre en considération dans l'accomplissement de leur mission ». Mais cette mission, pour étendue qu'elle soit, ne saurait comprendre la peine. L'article 326 est formel sur ce point : « Ce sont les magistrats et non pas eux (les jurés) qui sont appelés à indiquer les conséquences légales qui atteignent le condamné dans les cas où il est déclaré coupable. Les jurés doivent, par suite, rendre leur verdict sans prendre en considération les suites légales de leur décision ». Et comme une pareille prescription est impossible à suivre, le jury manifeste par l'inconséquence de ses décisions la volonté bien nette de sortir du rôle restreint que la loi a prétendu lui tracer. Depuis longtemps, de vives critiques se sont élevées contre le jury allemand. Mais ce qui est très remarquable, ce n'est pas contre le principe de la participation des citoyens à la justice criminelle que ces critiques ont été dirigées. Elles visaient uniquement la manière dont cette participation est réglée, en un mot contre la procédure des Cours d'Assises. Elles ont été présentées, il y a trente ans, au Congrès de Stuttgard et, comme palliatif aux défauts actuels, on a proposé de fondre ensemble les juges et les jurés et de transporter au grand criminel une institution qui a déjà fait ses preuves dans un ordre inférieur : l'Echevinage. Cette proposition de réforme sera étudiée au chapitre suivant.

Le Code d'Instruction criminelle autrichien de 1873-1874 a séparé nettement la culpabilité de la peine. Théoriquement, les jurés statuent sur le crime envisagé sous toutes ses faces (matérialité du fait, preuves, qualification légale), mais sur le crime seul ; ensuite les magistrats de la Cour jugent le criminel.

Comme on le voit, la législation autrichienne se rapproche beaucoup de la législation anglo-américaine. Estimant que la question de culpabilité comprend aussi bien le fait que le droit, elle permet aux jurés de juger celui-ci. Le président de la Cour doit leur donner des indications sur les caractères légaux du fait qui forme l'objet de l'acte d'accusation et sur le sens des expressions légales contenues dans les questions posées au jury. (1) L'art 327 prévoit même le cas ou le jury, entré dans la chambre de ses délibérations, désire un complément de renseignements juridiques. (2).

Mais, la peine, seule la Cour peut la fixer et, logique avec lui-même, mais sur ce point seulement, le Code autrichien décide que *seuls* les magistrats peuvent graduer la pénalité, de sorte que *ce sont eux qui décident s'il y a lieu d'accorder à l'accusé le bénéfice des circonstances atténu-*

____

(1), Code d'Instruction criminelle autrichien, art. 325.

(2), Ces explications ne peuvent être données qu'à l'audience, en présence de l'accusé et son défenseur.

antes. De plus, l'art 326 a reproduit littéralement l'art.
342 de notre Code d'Instruction criminelle.

Certes ce système est ingénieux, mais combien compliqué ! Le juge a le droit de modifier l'incrimination et il ne peut pas accorder de circonstances atténuantes. On ne lui donne que le crime à juger ; mais comme cependant il ne saurait se désintéresser du délinquant, il a fallu admettre le jury à connaître la peine. « En Autriche, l'avocat n'est nullement astreint à se borner à l'exposé des faits. Il peut aborder toutes les questions juridiques et *montrer aux jurés les conséquences rigoureuses qu'entraînerait, d'après la loi, leur verdict affirmatif* », (1). Voilà par quel moyen détourné on a essayé de consolider le système autrichien. Ce que les jurés ne peuvent pas faire à l'aide des circonstances atténuantes, ils le font à l'aide de la disqualification. Aussi n'y a-t-il rien d'étonnant à ce que le jury autrichien soit loin de donner des résultats satisfaisants. Il s'est, en particulier, révélé incapable de statuer sur la question de droit. La disqualification est un procédé fort délicat et le jeu des circonstances aggravantes est trop compliqué (nous en savons quelque chose en France) pour qu'on le remettre entre les mains des jurés, sans s'exposer aux plus dangereuses conséquences, si on leur refuse le guide qui leur est nécessaire pour se reconnaître au milieu du dédale de la procédure criminelle (2).

(1), Vainberg : *Bulletin de la Société de législation comparée ;* 1875.
(2), En Russie, où un système à peu près semblable est en usage, les mêmes difficultés et les mêmes dangers se rencontrent quotidiennement. Dans son dernier roman, Tolstoï a traité cette question dans une anecdote tragique, où il nous fait assister aux inquiétudes et aux hésitations d'une délibération de jurés russes qui, par une fatale méprise, une rédaction défectueuse de leur verdict, envoient aux travaux forcés une femme qu'ils voulaient acquitter. — Léon Tolstoï, *Résurrection* ; Ch. XXIII.

Troisième groupe

Législations qui admettent le jury à participer à l'application de la peine.

Nous abordons maintenant l'étude des législations qui, après en avoir reconnu les imperfections et les dangers, ont complètement modifié leurs Cours d'Assises. Si elles ne sont pas arrivées du premier coup à une formule bien nette, elles n'en ont pas moins, par une initiative hardie, ouvert sur la question de nouveaux aperçus. C'est de Suisse que nous vient cette réforme, justifiant ainsi ce mot d'un criminaliste : » En matière de progrès l'étendue des frontières est un facteur de peu d'importance et bien souvent les petits peuples sont les premiers à opérer d'utiles réformes que les grandes nations ne réalisent que tardivement. » (1).

La législation du canton de Genève est de beaucoup la plus intéressante. C'est elle surtout que nous allons étudier : dans sa préparation, dans ses dispositions actuelles et dans ses résultats.

Loi du 1er octobre 1890
réformant le Code d'Instruction pénale du Canton
de Genève du 25 Octobre 1884.

Etabli en Suisse presque en même temps qu'il l'était en France, puis supprimé, puis rétabli, le jury avait été organisé, en dernier lieu, dans le canton de Genève par une loi du 12 janvier 1844 à peine modifiée par le

(1) M. Pascaud.

Code d'Instruction pénale de 1884. Il fut à Genève ce qu'il était partout. La loi lui livrant la vie et l'honneur des accusés, lui demandant de prononcer sur la question de culpabilité mais lui défendant de songer à la peine, il viola la loi. Il lui fut toujours impossible de se désintéresser des conséquences de son verdict, c'est à dire de rester enfermé dans la question de fait. Seulement, comme il était censé ignorer la peine, personne ne la lui expliquait, personne n'avait le droit de la lui faire connaître. De là, comme chez nous, des erreurs continuelles, des froissements entre le jury et la Cour, qui se traduisaient par des verdicts absolument déraisonnables. Le jury génevois se trouvait, du reste, dans une situation encore plus contradictoire que le nôtre. Ayant, depuis longtemps, le droit d'accorder des circonstances atténuantes (c'est-à-dire, en pratique, d'essayer un dosage de la pénalité), il avait obtenu, en 1844, le droit d'accorder des circonstances très atténuantes : Il en était résulté des difficultés insurmontables, le calcul des circonstances très atténuantes étant une complication nouvelle apportée à une matière déjà si difficile. « Le jury génevois, dit M. Picot, a une tendance progressivement constante à sortir de ses attributions de juge du fait pour se préoccuper de l'application de la loi et de la pénalité à infliger au condamné..... Ignorant la loi ou, ce qui est pis encore, la connaissant insuffisamment, le jury est exposé à commettre et commet, en effet, de graves erreurs, malgré l'excellence de ses intentions (1) ».

L'organisation de la répression était menacée et le malentendu latent entre magistrats et jurés en était arrivé au dernier point.

____

(1) *Revue pénale Suisse* ; 1889.

En 1888-1889 plusieurs acquittements scandaleux soulevèrent l'opinion publique et permirent aux adversaires du jury d'en demander la suppression.

Il s'en fallait de beaucoup que ce fût l'avis de la majorité. Mais, on comprenait enfin qu'une réforme s'imposait. En février 1889, un député au Grand Conseil, M. Gampert demanda la nomination d'une commission chargée de réorganiser la justice criminelle. M. Gampert signalait particulièrement trois points à l'attention de ses collègues. Deux d'entre eux ont une importance toute particulière et, à notre avis, c'est en eux que gît toute la *question du jury*. C'étaient : 1° un recrutement plus rationnel du jury —; 2° l'introduction du système échevinal.

La Commission, après une enquête sérieuse auprès de toutes les Cours de justice, proposa une série de réformes qu'expose le rapport de M. Dussant. C'est au système actuel de la séparation du fait et du droit, constatait le rapporteur, qu'on doit « ces variantes, ces soubresauts, ces hauts et ces bas, si contraires à une bonne justice pénale et que le public ne peut ni comprendre, ni admettre (1) ». La Commission proposait donc de réunir les juges de la culpabilité et ceux de la peine afin qu'ils pussent délibérer et juger en commun. Le projet faisait « des juges, des jurés et des jurés, des juges ».

D'une part, les magistrats devaient discuter avec les jurés sur la culpabilité ; d'autre part, les jurés devaient appliquer la peine sous la direction des magistrats.

Ce n'était pas tout à fait, néanmoins, l'imitation d'une institution que nous allons bientôt étudier : l'échevinage allemand. L'une des grandes différences consistait dans

(1) Rapport de M. Dussant au Grand Conseil.

le dualisme des magistratures qu'on avait réalisé en opposant trois juges techniques à huit juges laïes.

De plus, on avait dû reconnaître qu'un grand nombre de questions de droit sortaient de la compétence du jury : on les avait réservées à la Cour ainsi que la question si importante des réparations civiles envers la partie lésée.

Le projet rencontra une opposition acharnée de la part de ceux qui croyaient voir en lui la suppression du jury et, après une singulière discussion dont M. Picot nous a tracé un curieux tableau (1), la loi fut votée avec quelques modifications (octobre 1890).

Cette loi originale est fort intéressante : elle a le grand mérite d'avoir ouvert la voie à des idées nouvelles plus libérales, plus justes aussi et d'avoir mis en lumière le moyen tant cherché de régénérer notre organisation criminelle. Voici l'économie du système de procédure qu'elle consacre :

Il consiste dans les deux dispositions suivantes :

1° Le président de la Cour d'Assises assiste à la délibération des jurés sur la culpabilité et il les éclaire sur tout ce qu'il leur importe de savoir. En particulier, il leur explique les conséquences légales de leur verdict.

2° Pour prononcer la peine, le président s'adjoint deux *assesseurs laïcs* (c'est-à-dire, deux magistrats populaires nommés à vie et non gradués en droit). Eux trois constituent la Cour. Ils se réunissent aux jurés et tous ensemble discutent l'application de la peine.

(1) *Revue pénale Suisse*; 1890.

Ce sont les nouveaux articles 207 et 334 qui consacrent cette réforme si importante (1).

D'une part, comme on le voit, le projet de la commission n'a été admis qu'en partie. Les magistrats de profession ne prennent point part au vote sur la culpabilité, *pas même le président d'Assises*. Le rôle de ce dernier, qui a donné lieu à quelques critiques, *(2)* est d'être simplement le conseil, le guide du jury. C'est lui qui indiquera aux jurés les conséquences légales d'un verdict affirmatif et le moyen de concilier, autant que possible, l'intérêt social et l'indulgence méritée par un accusé plus malheureux que coupable.

D'autre part, la réunion de la Cour et du jury en un seul corps chargé de statuer sur l'application de la peine, n'a pas laissé que de causer quelque inquiétude au Grand Conseil. La pierre d'achoppement du système était la crainte de voir les magistrats user de l'autorité que leur donnent leur science et leur caractère pour influencer le jury et en faire le serviteur de leurs volontés et l'exécuteur fidèle de leurs idées. Aussi, a-t-on eu soin d'augmen-

---

(1) Voici le texte de ces articles :

Art. 207 — *in fine* — : « Lorsque le jury, en matière criminelle ou correctionnelle, a rendu un verdict de culpabilité, la Cour, composée du Président de la Cour de justice du canton ou d'un juge délégué par lui et des deux juges assesseurs ou de leurs suppléants, *se réunit au jury pour délibérer et statuer sur l'application de la peine.* »

Art. 334 — « La Cour *et* le jury se retirent pour délibérer sur l'application de la peine. Ils prononcent celle qui est établie : lors même que d'après le verdict, le fait dont l'accusé est reconnu coupable n'est pas punissable d'une peine criminelle. »

(2) On a fait observer que le président de la Cour, n'ayant, en réalité, aucune obligation légale puisque son rôle, s'il est très large, est non moins vague, pourrait se refuser à éclairer *complètement* le jury sur les conséquences de son verdict.

ter dans une plus grande proportion que ne le proposait
M. Dussant, la prépondérance de l'élément *laïc*. On conserve les douze jurés institués par la loi de 1844 et on
les adjoint aux trois magistrats quand il faut statuer sur
la peine. On a ainsi espéré contrebalancer facilement
l'autorité des juges de profession.

Nous croyons ces craintes un peu chimériques. M. Picot
l'a fort bien dit : « En réalité, le jury se préoccupait
toujours des conséquences légales de son verdict, et, par
la solution qu'il donnait aux questions, il cherchait à
amener le juge à prononcer une peine déterminée. Souvent, le jury faisait fausse route et, dans son ignorance
de la loi, rendait un verdict dont les conséquences étaient
autres que celles qu'il en attendait. En permettant au
jury de fixer lui-même la peine dans les limites marquées
par la loi, loi qu'il connaîtra avant de prononcer son verdict, *on innove, en réalité, fort peu* et on pare aux chances
d'erreur qui résultaient de la séparation complète des
questions de fait et de l'application de la loi (1) ».

La partie la plus intéressante de la loi consiste dans cette réunion des juges du droit et des
juges du fait. C'est une collaboration dont on ne peut
trouver trace dans aucune autre législation. C'est tout
autre chose que le système échevinal que nous étudierons
bientôt. Certaines distinctions subsistent toujours entre le
rôle des magistrats et celui des jurés. On continue à poser
un ensemble de questions au jury et le jugement n'est
motivé que par la réponse à la question posée : « Attendu
que la déclaration du jury est : oui à telle question... ».
Ce questionnaire ce sont les juges qui le préparent. On
leur réserve aussi certaines questions de droit, entre

____

(1) Revue pénale suisse, *ann. cit.*

autres les questions subsidiaires et les incidents. Seuls aussi, ils peuvent statuer sur les conclusions de la partie civile.

Telle est la réforme fort intéressante et, à notre avis, tout à fait remarquable de la loi de 1890. Comme il est facile de le voir, sans insister davantage sur ce point, c'est plus qu'une réforme, c'est un bouleversement complet du système si savant mais si subtil de la distinction de la culpabilité et de la peine, du crime et de l'accusé, qu'ont réalisé des novateurs intelligents frappés des doutes et des malentendus au milieu desquels se débattait le jury.

Mais ce sont surtout les résultats de ce système nouveau qu'il est intéressant de connaître.

Ils ont été indiqués par M. Picot dans un article paru en 1893 (c'est-à-dire, après deux ans d'application de la loi) dans la Revue pénale suisse (1). Ils nous ont été confirmés par une note que M. Le Fort, juge au tribunal de 1re instance de Genève, a eu l'obligeance de nous faire parvenir. Disons, tout de suite, qu'ils sont absolument satisfaisants.

Certains promoteurs de la loi avaient cru, il est vrai, trancher du même coup toutes les difficultés inhérentes au jugement par jurés et s'étaient presque vantés d'avoir créé une justice idéale. Qu'ils se soient trompés, c'est ce dont on ne saurait raisonnablement s'étonner; mais il faut reconnaître qu'ils portaient vraiment trop loin leurs espérances. Que certains défauts inhérents à la nature humaine, aient continué à se manifester, chez les jurés, malgré la nouvelle loi, cela ne fait aucun doute. Parfois

---

(1) Picot : *La nouvelle loi genévoise sur le jury dans son application ; Revue pénale suisse; 1893.*

on a encore à reprocher aux jurés génevois leur trop grande impressionnabilité, conséquence toute naturelle de la gravité d'un procès d'Assises. Mais, ce qui est hors de doute (et c'est sur ce point que nous insistons) c'est que les résultats excellents, en somme, que donne la loi de 1890 sont dus à ce qu'elle a fait cesser le malentendu existant entre magistrats et jurés et leur a permis d'unir leurs connaissances et leur bonne volonté, loyalement, sans arrière pensée et pour le plus grand bien de la justice criminelle.

Tout d'abord, la présence du président de la Cour d'Assises à la délibération du jury, rend la discussion « plus calme », plus ordonnée et surtout conjure les effets déplorables que produisent les « jurés meneurs », comme on disait autrefois. Il est certain que la présence d'un magistrat instruit et impartial est un *modérateur* (si nous pouvons nous exprimer ainsi) dont l'influence est incontestable. C'est surtout au moment où il s'agit, pour le jury, de comprendre le jeu des circonstances aggravantes et atténuantes qu'apparaît l'excellence de la méthodesuisse.

« La préoccupation constante du jury, dit M. Picot, est de savoir quelles seront les conséquences légales de son verdict et dans quelles limites se trouvera fixée la peine à appliquer ; les indications données à ce moment par le juge sont très appréciées du jury qui sent qu'il peut aller de l'avant sans courir le risque d'aboutir à des conséquences différentes de celles auxquelles il a l'intention d'arriver. La présence du juge a, enfin, pour effet que les verdicts rendus sont toujours corrects, conformes à la loi et à l'intention réelle du jury ; on ne confond plus maintenant les circonstances aggravantes avec les circonstances atténuantes, on ne répond plus négativement à une question principale pour résoudre ensuite affirmativement une question portant sur un fait accessoire. » (1). Mais, ce qui frappe surtout les magistrats génevois, c'est qu'avec la nouvelle loi *on obtient plus de régularité, plus de pondération dans l'exercice de la justice pénale.* « Il est incontestable, dit encore M. Picot, que le jury est devenu moins nerveux, moins variable,...... que *ses allures se rapprochent plus de celles des tribunaux ordinaires.* Il est certain, en tous cas, que pendant ces deux années d'expérience, le jury n'a rendu aucun de ces verdicts qui stupéfiaient ou même scandalisaient l'opinion publique, comme il y en avait eu plusieurs dans les dernières années de l'ancien régime ».

De pareils résultats suffisent à démontrer que, si elle n'est pas parfaite, la nouvelle organisation de la Cour d'Assises de Genève constitue « un sérieux progrès » (2). Nous verrons, un peu plus loin, si, en y apportant quelques perfectionnements, on ne pourrait pas trouver dans cette réforme l'idée fondamentale d'une collaboration plus complète qu'aujourd'hui, entre les deux éléments judiciaires qui se partagent la solution des procès criminels : l'élément professionnel et l'élément populaire.

Législation du Canton de Tessin et législation serbe.

La législation tessinoise est un exemple frappant des dangers qu'il y a pour un pays à essayer de se passer du concours de l'élément populaire dans les questions qui touchent à l'honneur et à la liberté des citoyens.

(1) Picot ; *art. cit.*
(2) M. Florian-Racine, avocat à Genève (cité par M. Cruppi).

Le Code de Procédure pénale du 8 décembre 1855 avait établi le jury que supprima la révision constitutionnelle du 10 février 1883.

Mais, dans un pays aussi troublé que le Tessin, où les luttes politiques ont atteint le suprême degré d'acuité, supprimer le jury, c'était supprimer la liberté et livrer les citoyens à la merci du pouvoir. Des plaintes extrêmement vives s'élevèrent contre une magistrature trop peu indépendante et qui se faisait le docile instrument du gouvernement.

Il fallut bien songer à permettre, de nouveau, au peuple de participer à la justice criminelle. Afin d'éviter les nombreux abus auxquels avait donné lieu le système de 1855, M. Stefano Gabuzzi proposa d'accorder au jury le droit de statuer sur la pénalité et de motiver ses verdicts. Son projet est devenu le Code de Procédure pénale du 3 mai 1895 et la Loi sur l'organisation judiciaire en matière pénale, qui fut promulguée le lendemain. Ces deux lois, à l'imitation du Code de Procédure civile du canton de Genève, instituent des jurés-assesseurs nommés pour six ans et qui jugent à la fois le fait et le droit.. Conseillés par le magistrat président, ce sont eux qui fixent la peine et arbitrent les dommages-intérêts.

Comme on le voit, cette organisation bien que partant du même principe : la nécessité de réunir l'élément professionnel et l'élément laïc dans une commune délibération, est cependant bien différente de celle consacrée quelques années auparavant par la loi génevoise. Ces assesseurs que la loi tessinoise nomme pour une période de temps aussi longue, finiront par perdre la fraîcheur d'impressions et le bon sens qui forment les principales qualités du jury. Ils tendront à s'assimiler aux magistrats

et il est à craindre qu'ils n'acquièrent bientôt les défauts
de ceux-ci sans en avoir jamais les connaissances ni l'autorité. « J'ai grand'peur, disait M. Gautier, qu'ils cessent
d'être jurés et qu'ils ne deviennent pas juges ».

En Serbie, un tribunal de jury a été institué par les
lois du 21 octobre 1871 et du 10 janvier 1879. Juges et
jurés délibèrent ensemble sur le fait et le droit. Pour
éviter l'influence du vote des juges sur celui des jurés,
on fait voter d'abord deux de ceux-ci, puis deux magistrats, puis deux jurés et enfin le président. Ce qui
distingue cette procédure c'est que les jurés statuant sur
le fait et le droit ne prononcent pas eux-mêmes la peine.
Le verdict est motivé et la pénalité est appliquée d'après
ces motifs.

Cette procédure semble n'être qu'un essai de conci-
liation (assez maladroit d'ailleurs) de l'ancien système de
la séparation absolue entre magistrats et jurés, avec le
système échevinal allemand dont nous allons aborder
l'étude.

CHAPITRE IV

Les inconvénients de la procédure établie par la loi
de 1832 ont, depuis longtemps, attiré l'attention des criminalistes: professeurs, législateurs, magistrats. Peut-être,
le temps n'est-il plus éloigné où une solution quelconque
viendra modifier un état de choses qui ne subsiste depuis
si longtemps que par l'effet de je ne sais quel esprit de
routine qui veut que nous soyons les derniers à appliquer
les idées que nous avons émises les premiers.

Que le système actuel ne puisse subsister plus longtemps, c'est ce qui ne fait aucun doute et nous n'avons pas
à revenir sur les nombreux inconvénients de notre procédure d'Assises : nous les avons longuement exposés.
Mais, par quoi remplacer l'organisation actuelle ? Voilà
le point délicat. Bien des solutions ont été proposées.
Malgré leur nombre et leur diversité, peut-être les auteurs
sont-ils plus près de s'entendre qu'on ne le croirait au
premier abord et après un examen superficiel.

ll y a, tout d'abord, une théorie sur laquelle nous
n'insisterons pas. Elle consiste à supprimer radicalement le jury et à confier ses attributions à la magistrature, non pas celle qui existe, actuellement, mais
une magistrature épurée, idéale, qui permettrait de laisser la solution des procès à un juge unique. Ce juge
serait recruté au concours : ce qui assurerait sa science,

et serait placé dans une situation exceptionnellement indépendante : ce qui garantirait son impartialité.

C'est une théorie assurément ingénieuse mais à laquelle on pourrait peut-être reprocher d'être trop radicale. Quand le corps est malade, faut-il le tuer pour l'empêcher de souffrir ou le soigner pour essayer de le guérir ?

Du reste, si intéressante, si séduisante même qu'elle
soit, cette théorie a un vice capital : elle repose sur une
hypothèse et sur une hypothèse que beaucoup jugent
irréalisable. Sans doute, il est possible et même facile
d'augmenter l'indépendance et peut-être l'instruction
pratique des magistrats. Mais est-il possible d'arriver à
obtenir ce juge idéal, préservé contre toutes les misères
humaines, qui, seul, déciderait de l'honneur et de la liberté de ses concitoyens sans que la moindre suspicion
puisse entacher ses décisions ? Il est permis de croire
qu'il n'y a là qu'un beau rêve.

Sans aller jusqu'à admettre la thèse du juge unique,
il est certain que plusieurs pays ignorent le jury et
paraissent s'en bien trouver. On a beaucoup vanté la
Hollande dont la législation criminelle semble, en partie, revenue aux idées d'un autre temps. Le magistrat
hollandais juge les crimes comme il juge les délits et
les contraventions. A ce point de vue, il ne connaît pas
de limite à sa compétence, de même qu'il jouit dans
l'application de la peine des pouvoirs les plus étendus.
Mais, nous croyons que personne n'a été jusqu'à essayer
une comparaison entre le Code hollandais et le Code
français. Que les mêmes lois ne soient pas également
bonnes pour tous les pays, c'est là une vérité qu'il n'y a
pas lieu de démontrer. Les différences d'idées et de mœurs
qui existent entre les deux nations rendraient bien diffi-

cile l'imitation des institutions de ce pays. Qu'il nous
suffise de constater que toutes les grandes nations, celles
surtout dont les mœurs se rapprochent des nôtres, ont
dû, peu à peu, en venir à faire juger les procès criminels par des juges *laïcs*.

Encore une fois, nous ne croyons pas qu'une réforme
basée sur la suppression du jury serait capable de donner
de bons résultats. De telles protestations s'élèveraient,
du reste, contre cette suppression, qu'il serait bien difficile de la faire voter par une Assemblée législative.

Nous avons vu quelles étaient les qualités inappréciables
du jury d'Assises. Ses défauts, certes, nous ne les ignorons
pas ; mais, nous croyons qu'on pourrait y remédier considérablement en consacrant législativement une réforme déjà
indiquée par la pratique, déjà presque en usage à la Cour
d'Assises.

C'est assez dire l'idée à laquelle nous nous rallions :
la participation loyale et complète du jury à l'application de la peine. Mais, cette idée qui chaque jour fait de
nouveaux partisans se présente sous deux formes très dis-
semblables bien qu'elles soient toutes deux les manifestations d'un même principe.

« Des criminalistes éminents, disait M. Thonissen, réclament une union plus intime entre les juges et les jurés.
Les uns proposent la fusion des deux éléments en un
seul et même tribunal appelé à statuer, à la fois, sur la
culpabilité et sur la peine ; les autres demandent que,
du moins, le président de la Cour devienne le président
des jurés au moment où ils vont statuer sur le sort des
accusés. »

L'une de ces opinions ne tend à rien moins qu'à une
transformation complète du jury, à son évolution vers ce

qu'une modification (fort importante, il est vrai) de procédure criminelle. Elle tend vers un changement complet
des attributions du jury ; mais loin de dénaturer celui-
ci, elle les conserve en lui transfusant une nouvelle
énergie.

Leur étude va faire l'objet de ce chapitre.

SECTION I

Echevinage et Assessorat

§ 1. — *L'Échevinage allemand*

Il y a un demi-siècle que commença à s'établir en
Allemagne une juridiction particulière dans laquelle les
simples citoyens — l'élément laïc *(laien)* — étaient
appelés à concourir avec les magistrats — l'élément
technique, — de la façon la plus intime, au jugement
des procès du petit criminel. On l'appela : l'Echevinage.

A côté du tribunal de baillage (*Amtsgericht*), jugeant
au civil, se trouve le tribunal d'Echevins *(Schœffengericht)* jugeant au criminel. Les tribunaux d'Echevins
sont des tribunaux de dernier degré mais d'une compétence
beaucoup plus étendue que nos tribunaux de simple
police. En fait (sinon en droit) non seulement les
contraventions (1) mais plus des quatre-cinquièmes des
délits leur sont soumis.

Ils se composent du juge de baillage, magistrat de
carrière, assisté de quatre *Schœffen*, simples citoyens
recrutés à peu près de la même façon que les jurés.

Comme la Cour d'Assises, ces tribunaux ne sont pas
qu'elle appelle sa dernière forme. L'autre n'a pour but

(1) Sauf celles qui sont réservées au juge de baillage seul.

permanents. La procédure y présente cette particularité
fort intéressante que, à la différence des jurés, les échevins
siègent avec le juge, délibèrent avec lui sur le fait et sur
le droit et prononcent avec lui sur la peine.

On fait volontiers remonter l'origine des *Schœffen* (1)
à une très ancienne institution allemande conséquence de
ce principe de la participation des simples citoyens à la
justice criminelle qu'on retrouve dans plusieurs législations
du Moyen-Age, en France, en particulier. Mais les
Schœffengerichte actuels ne ressemblent en rien à ceux
qui existaient alors. C'est une loi hanovrienne du 8 novembre 1850 qui les introduisit en Allemagne et ils furent
adoptés successivement par Oldenbourg (loi du 2 novembre
1857), Brême (loi du 30 juillet 1863), la Hesse Electorale
(loi du 28 octobre 1863), le Grand-Duché de Bade (lois du
18 mars et 28 mai 1864),la Prusse (loi du 25 juillet 1867),
la Saxe (loi du 1er octobre (1868), le Wurtemberg (loi du
17 avril 1868).

Ces tribunaux d'Echevins présentent un double avantage :

D'une part, aucun doute ne peut s'élever sur le sens de
la décision des Echevins (puisqu'elle est motivée) et la
peine est bien telle qu'ils la veulent. Par conséquent,
pas de contestations ni de malentendus possibles.

D'autre part, on trouve ainsi le moyen de ne pas
écarter l'élément populaire de la justice criminelle.
« Grâce à la réunion des juges et des *Schœffen* en un
seul conseil, les sentiments de la population à l'égard de
telle ou telle manifestation de la loi pénale, se manifes-
teront plus sûrement aux yeux des magistrats par le

____

(2) Le mot : *Schœffen*, vient probablement du vieil allemand : *Schaben*
ou *Scabinen* (juge).

ʳésultat d'une délibération en commun qu'ils ne peuvent le faire aujourd'hui par la vertu d'un verdict dont les motifs demeurent ignorés (1) ».

Cette juridiction a produit d'excellents résultats et les *Schœffen* ont su, en particulier, éviter les reproches qu'on adresse de tous côtés aux jurés. Siégeant avec le juge, délibérant avec lui, ils ont bientôt remplacé par l'estime cette défiance réciproque qui préside à tous les débats de la Cour d'Assises. Le juge comprend qu'il se trouve en présence d'honnêtes gens pleins de bonne volonté et qui cherchent à rendre la justice avec toute l'impartialité désirable. De leur côté, les Echevins apprennent à mieux apprécier le juge et ne tardent pas à entretenir avec lui des rapports non seulement respectueux, mais confiants. Ils le consultent volontiers et tiennent le plus grand compte de ses avis parce qu'ils les trouvent sages et impartiaux. Bref, les tribunaux d'Echevins fonctionnent parfaitement bien et leurs décisions, aussi équitables que fermes, semblent ne rien laisser à désirer.

Telle est l'opinion de tous les criminalistes allemands et, certes, on peut dire que, dans son application au petit criminel, l'Echevinage n'est pas près de disparaître. Il joint, en effet, à tous ses avantages deux grandes qualités : il est national et il est populaire.

Cette institution n'a pas laissé que d'attirer l'attention de l'Europe entière et plusieurs législations l'ont copiée plus ou moins fidèlement. Nous avons vu qu'elle avait inspiré la législation génevoise de 1890 et nous savons dans quelle mesure elle a été adoptée au Tessin. C'est

(1) Rapport de M. Bufnoir sur les tribunaux d'échevins en Allemagne, à la Société de Législation comparée. — *Bulletin* 1873.

aussi l'Echevinage allemand qu'a copié le Code de Procédure pénale de Bosnie-Herzégovine du 1er janvier 1892. D'après ce Code, le juge de canton (*Bezirksœmter*) qui occupe le dernier degré de la hiérarchie criminelle, statue, contrairement au Code autrichien, assisté de deux assesseurs (*Beisitzer*) pris dans la population (1). Il faut aussi en rapprocher l'organisation du tribunal de jury institué en Serbie par les lois du 21 octobre 1871 et du 10 janvier 1879.

Aussi, n'est-il pas étonnant que les Allemands aient pensé, il y a quelque trente ans, à étendre les attributions des *Schœffengerichte* en les substituant au jury criminel.

C'est au lendemain de la fondation de l'Empire germanique que cette idée fut mise en avant et aussitôt adoptée par un grand nombre de criminalistes et d'hommes politiques. Parmi ses partisans de la première heure, il convient de citer surtout M. le Dr. Schwarze surnommé « le père des échevins » et M. Leonhardt ministre de la justice de Prusse,

C'est au Congrès des Jurisconsultes allemands (*Deutscher Juristentag*) de Stuttgard en 1871 que la question fut discutée pour la première fois avec toute l'ampleur qu'elle comportait. Le rapporteur était précisément le Dr Schwarze procureur général à Dresde. Il proposait au Congrès le remplacement des Cours d'Assises par les tribunaux d'Echevins et son rapport fut aussi intéressant que fortement motivé.

Tous les Congressistes furent d'accord sur ce point que la séparation des deux éléments judiciaires qui statuent sur le procès pénal, produit des résultats déplora-

______

(1) Dr Salomon Mayer : *Bulletin de la Société générale des prisons, 1892* p. 1236.

bles. On admit également que le remède ne pouvait être cherché que dans un rapprochement de la Cour et du jury. Mais, la proposition de M. Schwarze « pouvait être considérée comme une attaque plus ou moins directe contre le jury. L'institution des tribunaux mixtes pouvait paraître une voie détournée pour arriver à supprimer le jury avec sa forme propre, même dans les juridictions criminelles du degré supérieur..... « Qu'avons-nous entendu ? disait spirituellement l'un des membres du Congrès, (1) une critique portant au jury un coup mortel.... Le rapport et le plaidoyer de notre honorable rapporteur m'ont fait l'impression d'un médecin appelé au lit de mort du jury et cherchant les moyens les plus doux de procurer au pauvre malade, irrémédiablement condamné, le repos éternel. » (2).

On produisit, au cours des débats, un mémoire de M. le professeur Merkel (de Prague) mettant en garde l'assemblée contre une innovation qui tendait à la suppression du jury. Ce qu'il reprochait au système des *Schœffengerichte* c'était d'enlever toute initiative aux juges populaires : les échevins, d'après lui, ne pouvant que s'incliner devant les décisions du magistrat-directeur, sans même chercher à les discuter.

La proposition de M. Schwarze ne fut pas abandonnée, mais elle fut transformée et, se tenant uniquement sur le terrain des principes, le Congrès vota la résolution suivante : « On doit attendre une amélioration, dans la justice criminelle, de *l'introduction aussi large que possible*

---

(1) M. le Dr Wahlberg, de Vienne.
(2) Buínoir : *Bulletin de la Société de Législation Comparée; 1871*

de l'élément non-professionnel dans le jugement des infractions de tout ordre (1) ».

La question de l'Echevinage fut reprise au Congrès de Francfort en 1872. Le rapporteur était M. le conseiller von Stenglein qui insista surtout sur les inconvénients qui résulteraient de la participation de l'élément professionnel à la discussion de la *question de culpabilité*. Il reconnaissait, d'ailleurs, la nécessité d'accorder au jury une part plus effective et plus logique au jugement de la *question de pénalité*. Le Congrès repoussa l'extension de l'Echevinage au grand criminel, tout en reconnaissant les avantages de l'institution.

Mais à ce moment même où on la discutait, la question passa tout à coup du terrain de la théorie à celui de la pratique.

Voulant unifier la procédure criminelle du nouvel empire, M. de Bismarck chargea une commission du *Bundesrath* d'élaborer un projet de loi. Ce projet fut préparé dans les bureaux du ministère de la justice de Prusse. Il fut développé dans une brochure inspirée (et, peut-être même, rédigée) par le ministre, M. Leonhardt (3).

Suivant l'auteur de cet exposé : au point de vue des idées constitutionnelles et libérales qui ont prévalu dans les divers Etats de l'Europe, on ne saurait contester qu'une part du pouvoir judiciaire en matière criminelle doit être réservée au peuple, c'est-à-dire aux simples

(1) Première partie de la Résolution votée par la 3ᵉ section.
(2) De Munich.
(3) *Denkschrift über die Schœffengerichte ausgearbeitet im Kœniglich Preussichen Iustiz-Ministerium.*

citoyens pris en dehors des juristes de profession » (1).
Deux systèmes se trouvent en présence : Jury ou Echevinage? Etudiant l'organisation de la procédure par jurés,
M. Leonhardt fait observer que la séparation du fait et
du droit (qui a fait écarter le jury de l'application de la
peine) vient d'une imitation maladroite du jury anglais.
Cette distinction tend de plus en plus à disparaître, ce
n'est plus qu'un fantôme (*ein Phantom*). Quant à tenter
de revenir au jury anglais, (2) c'est une chimère. La
base de la procédure anglaise c'est la confiance que le
juré a dans le juge. Leurs rapports « n'ont été décrétés
par aucune loi. On doit les considérer comme l'effet d'un
long *devenir* dans la durée de l'histoire..... Ce n'est pas
par un acte soudain de l'autorité législative qu'on peut
improviser et décréter ces mœurs judiciaires. Un semblable *fiat* créateur n'est pas dans la puissance humaine » (3).

La vraie solution du problème, c'est, pour M. Leonhardt,
d'abandonner le jury et de lui substituer l'échevinage.

« Ce procédé permet aux *Schœffen* d'exercer sur cette
question de la fixation de la peine une influence salutaire
et légitime car, tirés du sein de la population et plus
mêlés que les magistrats à certains contacts de la vie
quotidienne, ils sont plus à même, aussi, de déterminer
pour chaque cas la mesure de répression convenable (4) »
« Si l'on réunit toutes ces considérations, conclut le

---

(1)) Du **Boys**. Projet de loi sur la suppression du jury et sur son remplacement en Allemagne par des tribunaux d'échevins. *Revue critique,
1874.*

(2) Au Congrès de Francfort, M. le Dr Gneist, professeur à l'Université
de Berlin avait proposé ce retour au jury anglais, mais sa motion fut
repoussée par la grande majorité des congressistes.

(3) Du **Boys**, *Revue critique, loc. cit.*

(4) **Bufnoir**, *Bulletin de la Société de législation comparée ; loc. cit.*

mémoire du ministère de la justice — et cette phrase
paraît avoir été très remarquée — il devient certain que
les *Schœffen* sont appelés à concourir à l'œuvre de la justice dans des conditions incomparablement plus élevées
et plus dignes que les jurés et l'on est fondé à espérer
que les tribunaux mixtes deviendront promptement une
institution populaire et répondant aux aspirations natio-
nales ».

Il convient d'observer, toutefois, que, à la différence
de M. Schwarze et des principaux partisans de tribunaux
criminels d'échevins, M. Leonhardt ne permettait pas
aux *Schœffen* de statuer sur la peine. C'était supprimer
ainsi la partie la plus originale des projets de 1871 et
1872 et la réforme que proposait le ministre eût été
inutile parce qu'incomplète.

Le projet de M. Leonhardt fut repoussé en grande
partie pour des considérations politiques (1). Mais, l'idée
est loin d'avoir été abandonnée, en Allemagne. En 1887,
un Congrès déclarait que « les tribunaux d'Echevins
paraissent la meilleure forme du concours des laïcs
dans les affaires criminelles ». Les partisans de l'extension
des *Schœffengerichte* ont été et sont toujours nombreux.
On a pu compter parmi les plus connus, outre M. Leonhardt,
et M. Schwarze, M. le professeur Zachariæ et M. Hugo-
Meyer de l'Université d'Erlangen.

Les partisans du jury : le professeur Mittermaier,
M. de Mohl, M. Beseler, professeur à Bonn ; M. Seuffert ;
M. Kœstlin, repoussent l'Echevinage en s'appuyant
sur les mêmes raisons que M. von Stenglein rapporteur

(1), L'opposition de M. de Mittnach ministre de la justice de Wurtemberg, en particulier, n'avait pour but que de contrecarrer l'influence
sans cesse grandissante de M. de Bismarck.

du Congrès de Francfort. Ils craignent que la suppression
du jury ne soit vue d'un mauvais œil par le pays et ils
redoutent l'influence du magistrat de profession sur ses
collègues populaires lors de la discussion, de la culpabilité.
Néanmoins, presque tous sont d'accord pour reconnaître
les inconvénients considérables de la procédure d'Assises
telle qu'elle est actuellement réglée et pour réclamer une
participation plus effective du jury au procès pénal.

Ce sont les résultats que produit l'Echerinage, ce n'est
pas le principe qui lui a donné naissance que ces jurisconsultes repoussent.

§ 2. — *L'Assessorat.*

Il importait d'étudier avec quelques développements
cette question de l'Echevinage, en Allemagne, car c'est
elle qui est la cause d'un mouvement qui, depuis quelques
années se dessine en France où de nombreux, criminalistes ont proposé de remplacer le jury par un tribunal
d' Asesseurs.

Du reste, comme nous allons le voir, l'ancienne France
a eu ses échevins comme l'ancienne Allemagne, en sorte
que l'idée d'échevinage ne nous apparaît pas tout à fait
comme une innovation.

L'institution des échevins, en France, remonte à
Charlemagne, peut-être plus haut encore. Quelqu'ait été
au début leur mode de recrutement, sur lequel on ne
semble pas bien fixé, il est certain qu'ils remplirent
d'abord des fonctions de juges. Peu à peu leurs pouvoirs
se modifièrent. A Paris, vers 1250, ils étaient devenus
les assesseurs du Prévôt des Marchands et statuaient
sur des matières de police et de commerce. Ils représen-

taient bien, ainsi, la participation de l'élément non professionnel à la justice municipale. Ils furent dissous par la loi du 14 décembre 1789.

On les retrouve sous le nom d'assesseurs, moins de deux ans après, mais affectant alors la forme moderne des échevins. Une loi du 17 juillet 1791, instituait des tribunaux correctionnels composés d'un magistrat (1) et de deux assesseurs. Cette loi n'eut qu'une durée éphémère,

A notre époque, les seuls vestiges de l'Assessorat sont : la loi du 21 mai 1836 sur les chemins vicinaux et les tribunaux d'Assesseurs jugeant au criminel dans la plupart de nos colonies.

La loi de 1836 a institué un jury chargé de prononcer les indemnités d'expropriation. En voici la composition : « Le jury spécial chargé de régler les indemnités sera composé de quatre jurés présidés par un juge qui aura voix délibérative en cas de partage ». (2)

Plus intéressant est le régime des Colonies françaises parce que nous pouvons y trouver un essai de l'Assessorat criminel.

Les colonies ont commencé par connaître un régime différent de la métropole. La situation toute particulière des colons exigeait que la répression fut aussi énergique qu'impartiale et que la juridiction fut simple et peu coûteuse.

Il est probable que ce fut surtout dans un but d'économie que furent promulguées les ordonnances de 1827 et 1828 instituant l'Assessorat dans les « grandes colonies » (Guadeloupe, Martinique, Réunion). Une loi du 27 juillet

(1) Le juge de paix.

(2) Il est intéressant de constater que cette loi a produit de meilleurs résultats que la loi du 3 mai 1841 modifiant celle du 7 juillet 1833 et où le magistrat-directeur ne délibère pas avec le jury d'expropriation.

1880 y a rétabli le jury qui y fonctionne, d'ailleurs, assez mal. Toutes nos autres colonies sont, au contraire, sous le régime de l'Assessorat et il est intéressant de remarquer que les lois et décrets réglementant cette institution sont tous de date récente. L'Inde française (décret du 12 juin 1883), la Cochinchine (décrets du 17 mai 1895 et du 25 décembre 1896), le Cambodge, le Sénégal (décret du 15 mai 1889) ne connaissent pas d'autre régime et s'en trouvent bien (1). Dans toutes ces colonies des assesseurs français et indigènes délibèrent avec la Cour sur la culpabilité et prononcent avec elle la pénalité. L'introduction de l'élément indigène dans l'organisation judiciaire pouvait faire craindre l'énervement de la répression ; il n'en a rien été et, la plupart du temps, les indigènes appelés à juger leurs compatriotes ont fait preuve de beaucoup de fermeté et de bon sens. L'essai le plus curieux de ce système est celui qui a été tenté en Tunisie (loi du 27 mars 1883 et décrets du 14 avril et 29 novembre 1893) (2). Les résultats en sont absolument satisfaisants. Nous ne saurions oublier le projet si intéressant de M. Flandin sur la réforme de l'organisation judiciaire en Algérie (3). On sait que « l'Algérie a été, en quelque sorte, un champ d'expériences pour les deux systèmes, absolus de la justice criminelle rendue exclusivement par les magistrats professionnels et de la justice criminelle rendue par le jury. Jusqu'en 1870, le juge-

(1) Au Sénégal, en particulier, le système a produit d'excellents résultats.

(2) Les tribunaux de Tunis et de Sousse, qui jugent les crimes, s'adjoignent six assesseurs français quand l'accusé est français ; trois assesseurs français et trois indigènes quand l'accusé est indigène ; trois assesseurs français et trois étrangers quand l'accusé est étranger.

(3) J. O. Documents Parlementaires — Chambre ; Annexes 1894, Ann' n° 1045.

ment des crimes était déféré, en Algérie, aux Cours d'Assises statuant sans assistance de jurés. A partir de 1870, on a généralisé aussi bien pour les crimes commis par les indigènes que pour ceux commis par les Européens, l'institution du jury. Ni l'un ni l'autre de ces deux systèmes n'ont donné de résultats satisfaisants » (1). Losque les colons-jurés se trouvent en présence d'un indigène, leurs verdicts sont souvent d'une sévérité scandaleuse qui n'a d'égale que leur partialité pour les accusés-colons. M. Flandin propose la création de Cours criminelles composées de trois magistrats assistés de deux assesseurs-jurés français et de deux assesseurs-jurés indigènes. Les membres de ces Cours statueraient ensemble sur le fait et le droit et appliqueraient la peine (2).

Encore une fois, les résultats qu'à donnés l'Assessorat aux colonies sont excellents. Il semble bien qu'il y soit établi pour longtemps. Seulement, il faut faire tout de suite une observation : c'est que nous nous trouvons ici dans des circonstances particulières appelant un régime spécial. Ce qu'on avait en vue en établissant cet Assessorat, c'était non pas d'obtenir un concours plus logique de l'élément laïc au procès pénal, mais bien de faire participer les indigènes à la justice criminelle. Les jurés n'étaient pas les « pairs » de l'accusé indigène mais ses adversaires. Le jury tel que nous le connaissons ne pouvait donc donner que des résultats déplorables parceque ses verdicts étaient marqués au coin de l'impartialité et de l'injustice. Voilà la raison d'être de l'Assessorat colonial et ses résultats n'ont pas d'autre cause.

(1) M. Flandin, à la Société Générale des Prisons — *Bulletin* ; janvier 1900.

(2) Ce projet, adopté par la Chambre, a malheureusement rencontré des adversaires parmi les députés algériens. — Cs. Larcher et Olier. — *Les Institutions pénitentiaires en Algérie ;* Paris 1899.   B. — 8

Telle est la grande objection que ne manquent pas de faire les adversaires de l'échevinage et nous en reconnaissons volontiers toute la force.

Nous venons de voir l'histoire de l'Assessorat français (1).

Ne pourrait-on pas trouver dans son application à la Cour d'Assises, le moyen de corriger les vices de de notre procédure criminelle ?

Cette idée a été émise par plusieurs jurisconsultes ou publicistes (2). Mais c'est à M. Cruppi, alors avocat général à la Cour de Cassation, que revient l'honneur d'avoir présenté sur cette question, une théorie complète et remarquablement motivée. Son système fut d'abord exposé dans une série d'études publiées dans la Revue des Deux-Mondes, puis dans l'intéressant rapport qu'il présenta à la Société Générale des Prisons (novembre 1899).

Pour M. Cruppi, comme pour nous, la séparation du fait et du droit, du crime et de la peine, constitue le grand vice de la procédure d'Assises. C'est l'antagonisme qu'il entraîne entre la Cour et le jury qui est la cause de l' « anarchie » des verdicts de ce dernier. « Ce juré qui accorde les circonstances atténuantes se dit : Que va faire le magistrat ? moi je suis d'avis qu'il y aurait lieu d'abaisser la peine de deux degrés. Et le magistrat de dire : Ah ! ce juré a accordé des circonstances atténuantes dans une affaire où je n'en voulais pas ; eh bien! je vais lui donner une leçon et je n'abaisserai la peine

(1) Notons à titre d'indication seulement qu'on peut rapprocher de l'Assessorat colonial les *tribunaux consulaires* institués par les Capitulations entre la France et certains pays hors Chrétienté (La Chine, la Perse, le Siam), en particulier avec la Porte Ottomane — loi du 1er juin 1836. —Ces tribunaux, qui ne jugent que les délits, se composent du Consul de France président et de deux notables de la colonie française, pris sur une liste dressée chaque année.

(2) Cs. les œuvres de M. Eyssautier et Berland — *Le Jury-juge.* etc .

que d'un degré ». Et M. Cruppi conclut : « Tant qu'il
restera trace de cette division illogique, elle constituera
une cause d'imperfection pour la justice criminelle ». A
une pareille situation, un remède énergique est nécessaire.
M. Cruppi croit l'avoir trouvé dans l'Echevinage qui constitue, à ses yeux, « une formule supérieure du concours
des deux justices ». « Aujourd'hui, en France, auprès de
deux tables voisines, les juges du fait et les juges du droit
sont assis, ne pouvant pas communiquer, collaborer, ou
collaborant mal. Il s'agit de les réunir et de leur donner
une mission commune, comme en Allemagne, par exemple, où le droit de l'échevin est un droit absolument égal
à celui du juge professionnel. » (1)

M. Cruppi propose, en conséquence, le remplacement
de la Cour d'Assises par un tribunal d'assesseurs. La magistrature y serait représentée par un juge unique, à l'imitation de la procédure anglaise (2). Ce juge « dans sa haute
autorité d'arbitre, visiblement dégagé de tous liens avec
l'accusation, aura l'autorité morale nécessaire pour
contenir les passions des acteurs et des spectateurs des
drames judiciaires ». Il serait assisté de quatre ou six
juges populaires recrutés d'une façon à peu près semblable à nos jurés actuels (3.) A l'imitation de ce qui se
passe dans les *Schœffengerichte* allemands, le tribunal
assessoral statuerait sur *tout le procès criminel*. Sous la
haute direction du magistrat-président, seraient prises toutes
les décisions sur le fait, sur le droit et, par conséquent, sur
la peine. Ainsi, serait réalisée pour le plus grand bien

(1) Cruppi, *passim.*
(2) M. Cruppi, (d'accord en cela avec plusieurs criminalistes) pense qu'on
pourrait supprimer, sans inconvénient, les deux magistrats assesseurs
dont le rôle actuel est, dit-il, absolument nul.
(3) Avec, néanmoins, certaines modifications dans la formation des listes.

de la justice criminelle, la réunion, ou plutôt *la fusion*, de la magistrature de carrière *(élément professionnel)* et de la magistrature populaire *(élément laïc)*. Mais comme certains procès soulèvent des question qui sortent absolument de la compétence moyenne des juges laïcs et même quelquefois des juges professionnels (questions de comptabilité, procès de presse, etc.) un troisième élément viendrait s'ajouter aux deux autres : *l'élément technique*. L'expert, à qui on a prédit de si brillantes destinées, viendrait aider le tribunal d'assesseurs de sa compétence en ces délicates matières.

Concours de l'élément professionnel, de l'élément populaire et de l'élément technique, tel est l'Assessorat que propose M. Cruppi.

Une pareille juridiction présenterait, d'après lui, des avantages considérables. Outre qu'elle ne serait pas une bien lourde charge pour les citoyens, elle permettrait à la Cour et au jury de s'entendre, ce qu'ils cherchent en vain depuis plus d'un siècle. Maîtres de la peine, les assesseurs l'appliqueraient telle qu'ils veulent, ce qui éviterait les acquittements scandaleux. Enfin, le verdict serait *motivé* d'où aucune erreur dans la fixation des dommages-intérêts. En un mot, tous les avantages de l'Echevinage allemand transporté au grand criminel.

Certes, une pareille théorie est séduisante ; cependant, lors de l'enquête que fit sur cette question la Société Générale des Prisons et lors de la discussion qui suivit, la proposition de M. Cruppi n'a pas triomphé. La plupart des groupes de province et des magistrats consultés ont émis un avis défavorable à l'introduction de l'Assessorat au grand criminel, et cependant tous déploraient que le Code eût ouvert un abîme entre la Cour et le jury.

Pourquoi ?

C'est que la proposition de M. Cruppi qui paraît vouloir réformer le jury, ne tend, en réalité, à rien moins qu'à le supprimer. Ce mot de M. le professeur Wahlberg que nous citions plus haut, on pourrait le répéter ici : Si le jury est malade, est-ce une raison pour lui donner le dernier coup ?

Un des partisans des *Schœffengerichte* au Congrès de Stuttgard ne faisait, du reste, aucune difficulté pour le reconnaître : « Je ne me fais pas d'illusion sur la conséquence, disait-il. Avec les *Schœffengerichte,* nous introduisons dans les tribunaux l'élément étranger à la magistrature sous une forme nouvelle, sous une forme autre que celle du jury ; mais de même qu'entre deux points il ne peut y avoir qu'une seule ligne droite, de même il ne peut y avoir qu'une de ces deux formes qui convienne au but qu'on se propose d'atteindre ».

L'assesseur, ce n'est plus le juré. C'est là une objection considérable, croyons-nous, et qui suffit à condamner le système.

Il y a un certain danger à laisser magistrat et échevins délibérer ensemble sur toutes les questions d'un procès pénal. On a beaucoup parlé de l'influence exagérée que prendrait le président sur ses assesseurs laïcs ou de la défiance de ces derniers pour toutes les indications du magistrat. Nous croyons qu'il y a quelque exagération dans ces critiques. Nous étudierons plus loin de quelle façon on pourrait les éviter. Nous n'en pensons pas moins qu'il pourrait être néfaste de laisser le magistrat de carrière prendre part à la délibération sur la culpabilité de l'accusé, c'est-à-dire diriger la discussion de la preuve. C'est précisément afin de soustraire cette question aux juges de profession que le jury a été inventé. Dans le parallèle que nous avons tracé entre les magistrats et les jurés, nous avons dit les avantages que présentaient ces derniers : Juges d'occasion, ils n'ont pas l'esprit faussé par l'habitude de la répression. Pour eux, la peine est une chose très grave, même quand elle est légère, parce qu'ils comprennent bien qu'elle est toujours déshonorante. Aussi se montrent-ils excessivement sévères dans l'appréciation des preuves. De plus, le gros bon sens avec lequel ils jugent les cas les plus casuistiques, constitue une garantie pour l'accusé sans que l'intérêt social ait à en souffrir. Il est fort possible qu'il en serait autrement si le magistrat participait au jugement de la culpabilité.

Et puis, il y a une puissance avec laquelle il faut compter : c'est l'opinion publique. Aurait-elle confiance dans l'Echevinage? C'est douteux. Sans doute, tout le monde se plaint du jury, mais personne ne veut le voir disparaître. La nation y voit une garantie. Elle ne se contenterait pas facilement d'une institution similaire, mais non identique. Et il est permis de supposer qu'à la première faute, à la première erreur d'un de ces nouveaux tribunaux, on réclamerait, à grands cris, le retour à une institution plus ancienne, mais en laquelle on a foi

SECTION II

Le Jury statuant sur la pénalité.

§ 1. *Extension des pouvoirs du jury.*

Nous avons exposé les raisons pour lesquelles nous repoussons l'Assessorat. Mais, sans adopter la thèse, nous croyons qu'il y a lieu de tenir le plus grand compte de l'idée qui l'a inspirée. En réalité, ce que veulent les partisans de l'Assessorat, c'est la participation de l'élément populaire, non professionnel, *laïc* en un mot, au jugement de la question de pénalité. Comme l'a fort bien dit M. Cruppi : « Tous les magistrats, tous les hommes pratiques ont un sentiment commun qui se peut ainsi exprimer : Gardons les juges populaires, étendons même leur mission, mais sachons mieux régler leur collaboration avec les magistrats ».

Sur le principe, tout le monde est d'accord ; sur l'application seulement surgissent des différences.

Le système actuel, les malentendus qui en résultent, les illégalités par lesquelles on essaie de le corriger et surtout le faux principe qui lui sert de base : tout cela est appelé à disparaître prochainement, pour faire place à une plus large participation du jury au procès pénal. Mais puisque nous venons de voir les inconvénients de l'Assessorat, ne pourrions-nous trouver un système mixte (nous ne disons pas : une demi-mesure) qui, tout en conservant notre jury actuel (sauf quelques modifications de recrutement), lui accorderait ce qu'on lui a toujours refusé en droit, mais ce qu'il tend de plus en plus à s'octroyer en fait : *le droit de juger*.

C'est la question que se sont posée, depuis quelque temps, théoriciens et praticiens, et qu'ils ont essayé de résoudre par des systèmes divers.

Nous ne trouvons point ici, il est vrai, une solution toute faite comme l'Assessorat. Nous n'avons que des formules peu nettes, encore bien obscures, mais qui ne laissent pas que de montrer l'évolution des idées vers une solution plus libérale et plus juste que celle de la loi de 1832.

Le système des Excuses. — Un premier système avait proposé d'accorder au jury le droit de déclarer le fait *excusable*, lorsque les circonstances atténuantes ne diminuaient pas suffisamment la peine à son gré. C'était une réminiscence du Code de brumaire dont l'art. 646 consacrait, en effet, cette théorie. Mais ce qu'on paraît avoir oublié c'est que ce Code ne connaissait pas les circonstances atténuantes et que les excuses étaient précisément destinées à en tenir lieu. Il faut remarquer surtout que ces excuses étaient à la discrétion complète de la Cour qui pouvait toujours se refuser à interroger le jury sur leur existence.

Le système des Circonstances très atténuantes. — Une proposition beaucoup plus logique et qui a eu de nombreux partisans, demandait qu'on se servit des circonstances atténuantes dans la plus large mesure, en leur donnant toute l'extension dont elles étaient susceptibles, c'est-à-dire en créant des circonstances très atténuantes qui permettraient aux jurés de contraindre la Cour à descendre nécessairement d'un second degré dans l'application de la peine.

Cette théorie est parfaitement exposée dans la « Proposition de loi ayant pour objet de modifier les articles du Code d'Instruction criminelle et du Code Pénal relatifs aux circonstances atténuantes » que M. Bozérian présenta au Sénat le 4 mai 1885 (1). Voici un passage de l'exposé des motifs de l'honorable sénateur : « Puisque le minimum des peines qui doivent être appliquées en cas de circonstances atténuantes paraît trop élevé et que c'est la plupart

(1) J. O., *Documents parlementaires*, Sénat, Annexes 1885-1887, Ann. 121

du temps cette considération qui détermine les jurés à
l'acquittement, pourquoi n'abaisserait-on pas ce minimum
en même temps qu'on établirait une gradation dans les
circonstances atténuantes? Pourquoi, si on accorde au
jury le droit de reconnaître les circonstances atténuantes,
ne lui accorderait-on pas le droit de reconnaître des circonstances très atténuantes? Et pourquoi, ces circonstances étant
reconnues n'abaisserait-on pas le minimum de la peine applicable jusqu'au minimum des peines de simple police? Cette
solution nous paraît simple, pratique, elle ne bouleverse
aucun des principes de notre législation criminelle. Elle
permettra aux jurés de concilier leurs sentiments et
leurs devoirs, en même temps qu'elle permettra aux
juges de s'associer dans une mesure plus raisonnable à
une œuvre d'indulgence..... elle fera cesser, dans une
notable mesure, ces conflits qu'on voit trop souvent écla-
ter entre la magistrature et le jury ». (1) Comme nous
l'avons déjà dit, c'est ce système qui fut pratiqué à

(1) Voici le texte de la proposition de loi de M. Bozérian :

« Art. 1er. — L'article 341 du Code d'Instruction criminelle est ainsi
modifié : En toute matière criminelle, même en cas de récidive, le président, après avoir posé les questions résultant de l'acte d'accusation et des
débats, avertit le jury à peine de nullité que s'il pense, à la majorité, qu'il
existe en faveur d'un ou de plusieurs accusés reconnus coupables, des
circonstances atténuantes ou même très atténuantes, il doit en faire la
déclaration en ces termes : A la majorité, il y a des circonstances atténuantes, ou : il y a des circonstances très atténuantes en faveur de
l'accusé.... (la suite comme à l'article).

« Art. 2. — L'art. 463 du Code pénal est complété comme il suit : Lorsque
les circonstances ont été reconnues très atténuantes par le jury, la Cour
pourra, dans tous les cas, appliquer les dispositions de l'art. 401, sans
pouvoir toutefois abaisser les peines au-dessous du minimum des peines
correctionnelles. Si la peine de l'emprisonnement est seule prononcée par
l'article du Code pénal dont il est fait application, l'amende qui lui sera
substituée sera de 16 francs au minimum et de 3000 francs au maximum ».

La proposition de M. Bozérian fut repoussée.

Genève depuis la loi du 22 janvier 1844. Les déplorables résultats qui en découlèrent et qui donnèrent naissance à la réforme de 1900 (1), suffiraient à le juger. En réalité, son défaut capital vient de ce qu'il n'est qu'une demi-mesure semblable en tout point à celle de 1832. Tout en reconnaissant l'impossibilité de séparer la culpabilité de la peine, M. Bozérian n'a pas osé aller jusqu'à reconnaître au jury le droit de juger le criminel, en lui faisant application de la pénalité. Respectant quand même le système qu'il condamnait pourtant formellement (2), l'honorable sénateur ne s'est pas aperçu que sa proposition serait la cause d'une nouvelle complication pour les jurés. Ce serait une complication pour deux motifs : d'abord parce que le système des circonstances très atténuantes augmenterait les inconvénients déjà si graves du questionnaire, en multipliant le nombre des questions; ensuite parce qu'il étonnerait et mécontenterait le jury. Comment? On permettrait aux juges du fait de déclarer si l'accusé est coupable, peu coupable, très peu coupable et cependant on leur interdirait d'aller jusqu'au bout, de déclarer la peine qu'ils veulent appliquer? Bien plus, cette peine ils seraient supposés l'ignorer et n'auraient pas le droit d'y penser. Et si, dans cet imbroglio de circonstances aggravantes, atténuantes, très atténuantes, auxquelles s'ajouteraient encore les questions subsidiaires, ils faisaient une erreur, qu'arriverait-il? Une condamnation peut-être terrible, qu'ils ne pouvaient prévoir, à laquelle ils se seraient opposés s'ils avaient connu la loi, et qui

(1) V. *suprà* l'historique de la loi génevoise du 1er octobre 1890.

(2) Voici une phrase que nous détachons de l'exposé des motifs et qui montre que M. Bozérian comprenait parfaitement d'où vient le mal : « En demandant aux jurés de ne jamais se préoccuper de la peine, le législateur leur a demandé plus qu'il n'en pouvait obtenir ».

serait une monstrueuse injustice. A quoi bon une procédure plus compliquée que la procédure actuelle, pour en arriver à des malentendus plus fréquents, à des erreurs plus regrettables encore.

L'autorisation pour le jury de connaître la pénalité. — Un autre remède a été proposé, bien insuffisant sans doute, mais qui, du moins, présentait ce grand avantage de bien comprendre le danger qu'il y a de faire statuer le jury sur un fait en lui ordonnant de ne pas s'inquiéter du sort de l'auteur de ce fait.

Le 30 novembre 1880, la Chambre, sur un rapport de M. Agniel, adopta une proposition abolissant le résumé du président d'Assises et qui, l'année suivante, fut transformée en loi. Mais, en 1881, elle se trouvait profondément modifiée et on avait dû en retrancher, sur l'opposition du Sénat, la partie la plus intéressante. La proposition primitive contenait, en effet, deux parties : la suppression du résumé et l'indication de la peine au jury d'Assises. Cette proposition avait un précédent : Le 2 mars 1848, un décret du gouvernement provisoire avait chargé une commission (1) de préparer un projet de loi sur la réforme de l'organisation judiciaire. L'art. 62 de ce projet était ainsi conçu : L'interdiction faite aux jurés de prendre connaissance des dispositions de la loi pénale applicables à la suite de leur déclaration est abrogée; la deuxième partie de l'instruction contenue dans l'art. 342 du Code d'Instruction criminelle est supprimée (2) ».

C'était la consécration légale du droit qu'on a si long-

(1) MM. Valette et Faustin-Hélie en faisaient partie.
(2) Les circonstances politiques empêchèrent ce projet d'être discuté.

temps refusé aux jurés, et qu'on leur refuse encore, de penser aux résultats d'un verdict de condamnation.

Pour cela, le projet de loi présenté en 1880 exigeait la transcription littérale au bas de l'acte d'accusation des articles visés dans l'arrêt de renvoi. Il supprimait, en outre, le § 3 de l'art. 342.

Qu'une telle réforme fût insuffisante, c'est ce qu'il n'est pas besoin d'expliquer ; mais, au moins, elle rompait franchement avec les erreurs du législateur de l'an IV et elle cherchait, en appliquant dans toutes ses conséquences la loi de 1832, à régulariser ce qui se passe tous les jours à la Cour d'Assises. Malheureusement, le Sénat repoussa la seconde partie de la proposition sur l'avis de la commission (1).

Il est intéressant de connaître en quels termes M. Dauphin le rapporteur, l'appréciait : « Il existe dans certains esprits, disait-il, une théorie qui consiste à donner au jury la plénitude de la justice criminelle et à lui confier la charge de prononcer une condamnation sous la seule direction d'un magistrat directeur par analogie avec la procédure de l'expropriation d'utilité publique. Cette théorie peut être soutenue et il n'est pas utile d'en examiner ici les avantages et les périls. Mais, un système mixte qui donnerait aux jurés le droit de se préoccuper de la peine sans pouvoir l'appliquer ne saurait conduire qu'à une confusion et à un antagonisme d'attributions incompatible avec la précision que réclament les décisions judiciaires. Les pouvoirs doivent être nettement divisés. Sans doute, malgré les prescriptions de la loi, rien ne pourra empêcher le jury de prêter quelque attention aux suites que pourra avoir sa déclaration et

____
(1) Séances des 12 et 23 mai 1881.

parfois l'insuffisance de ses connaissances sera cause de quelques acquittements regrettables. Mais, il n'est pas difficile de prévoir que si les dispositions pénales lui sont officiellement exposées et si la défense, par une conséquence naturelle a le droit de l'en entretenir, le terrain du débat sera déplacé. Au lieu de discuter le fait et les circonstances aggravantes ou atténuantes, la plaidoirie sera souvent une comparaison entre la gravité de la faute et l'importance de la peine et l'omnipotence du jury s'exercera sur chacun des éléments du crime.... Il est même permis d'apercevoir les compromis que bientôt le nouveau système amènera entre la Cour et le jury, comme entre tous les pouvoirs investis d'attributions partagées et de concessions réciproques, qui, surtout par l'entrée autorisée du président dans la chambre du jury feront parfois dépendre le verdict d'engagements sur l'application de la peine ». (1).

A toutes ces objections de l'honorable sénateur, on peut répondre en un mot : Ces préoccupations, cette omnipotence, ces compromis, tout cela n'est que la conséquence de la réforme de 1832. Puisqu'à cette époque, on a reconnu qu'il était impossible de séparer le crime du criminel, pourquoi hésiter à faire connaître officiellement la pénalité qu'entraînera pour celui-ci une réponse affirmative sur celui-là ?

L'objection principale de M. Dauphin, il est vrai, c'est que cette proposition a le grand défaut d'être trop ou trop peu libérale et de consacrer la théorie de l'omnipotence sans accorder au jury tous les droits qui en découlent. Nous croyons que ce qu'il lui reproche surtout c'est de n'être qu'une demi-mesure. Mais lorsqu'il lui est impos-

(1) J. O. Documents Parlementaires. Sénat, Annexes 1881, Ann. n° 11.

sible de heurter de front des préjugés anciens, n'est-ce
pas par des voies détournées et petit à petit que la vérité
doit chercher à se faire jour ? A notre avis l'échec de ce
projet de loi est fort regrettable. Ce n'était qu'un aperçu
ouvert sur le principe de la réunion de la Cour et du
jury dans une commune délibération : mais c'était déjà
beaucoup. Il est permis de croire que, peu à peu, par une
évolution toute naturelle, on en serait arrivé dès
aujourd'hui à une réforme complète dans le sens de celle
que nous allons proposer.

§ 2. *Notre Système.*

En étudiant le rôle du jury dans le procès pénal, nous
avons vu que, malgré ses défenses, malgré le serment
qu'elle exige des jurés, la loi n'a jamais pu les empêcher
de songer aux résultats de leur verdict. Et nous avons
vu aussi que, par une conséquence toute naturelle, en
dépit des obstacles que le Code avait dressés entre magistrats et jurés, ceux-ci, d'après une tendance qui date des
premiers temps de leur institution avaient toujours cherché
à se rapprocher de la Cour pour fixer la peine avec elle.
Le législateur de 1832 a été obligé de reconnaître aux
jurés le droit de participer à l'application de la loi ; mais
il n'a osé le leur accorder que dans une certaine mesure.
La réforme était insuffisante. Pourquoi ne pas lui donner
maintenant tout son développement en tirant du principe
ses dernières conséquences ? Puisque la pratique a déjà réalisé cette réforme malgré la loi, pourquoi la loi ne recon-
naîtrait-elle pas cette pratique en la régularisant de façon
à empêcher les excès qui en pourraient découler ?

Actuellement, nous l'avons dit, ce concours des deux

éléments l'un technique, l'autre populaire, se réalise
fréquemment par la présence du président de la Cour
d'Assises dans la chambre des délibérations du jury et
la discussion de la peine qui en est la conséquence. Certes
le procédé est illégal et nous avons montré combien il
pouvait être dangereux, mais n'y-a-t-il pas là l'indication
du remède tant cherché et vers lequel les différents systèmes que nous passions en revue, tout à l'heure, s'ache-
minaient, mais en tâtonnant ?

Le droit pour les jurés de fixer eux-mêmes la pénalité,
avec le concours des magistrats : voilà le principe qui
servirait de base à la réforme que nous proposons.

Comme on le voit, le rôle du jury ainsi compris res-
semblerait fort à celui que lui accorde, à Genève, la loi
du 1ᵉʳ octobre 1890. Il en différerait néanmoins dans une
certaine mesure.

A Genève, le président de la Cour assiste à la délibération des jurés sur la question de « fait ». A la vérité,
il ne vote pas avec eux et se contente de diriger leur
délibération et de les éclairer sur les conséquences légales de
leur verdict.

Cette présence d'un magistrat à la première délibération du jury a soulevé d'assez vives critiques et c'est
peut-être là le point faible de la loi génevoise si remarquable, du reste, par certains côtés. En étudiant les objections faites à l'Echevinage, nous avons expliqué
combien il était périlleux de laisser l'influence d'un magistrat de profession s'excercer sur des juges populaires :
Ou bien, ceux-ci s'en remettront complètement à l'avis

d'un homme qui s'imposera à leur inexpérience par la double autorité de sa profession et de sa science et alors ils ne seront plus qu'un *ballast inutile*, suivant le mot d'un jurisconsulte allemand ; ou bien, au contraire, dans un sentiment de méfiance ils ne tiendront aucun compte des meilleurs conseils du président. L'une et l'autre hypothèse seraient également regrettables et compromettraient gravement le bon fonctionnement de la justice criminelle. Nous entendons bien qu'il y a une grande différence entre le tribunal échevinal et la Cour d'Assises génevoise où le président n'a que voix consultative. Nous croyons néanmoins qu'il y a toujours danger à laisser même supposer une influence, une pression quelconque de la Cour sur le jury. Nous pensons, donc, qu'il serait préférable en France, de ne pas confier au président le soin de diriger la délibération des jurés, de peur que, chez ceux-ci, la passion ne se substituât parfois à l'équité.

Nous estimons qu'il faudrait distinguer entre les quatre questions qui se présentent, avons-nous dit, dans tout procès criminel.

Les trois questions : de matérialité (Tel fait est-il constant ? — L'accusé en est-il l'auteur ?), de culpabilité (L'accusé est-il coupable ?) et de criminalité (Par quelle loi le fait est-il prévu ?) devraient être résolues par le jury délibérant seul sur les preuves et la qualification légale du fait, hors de la présence des magistrats. Quant à la question de savoir quelle est la quotité de la peine applicable (question de pénalité) le jury la discuterait avec la Cour. Les décisons seraient prises à la majorité des voix et l'arrêt signé par le président de la Cour, et le chef du jury en serait l'expression.

Ainsi : jugement du fait et du droit par le jury seul ;
jugement de la peine par les jurés réunis aux magistrats
professionnels, tel serait le fondement de notre réforme.
Nous allons maintenant en étudier les détails d'application.

1º *Jugement du fait et du droit par le jury seul.* —
Pendant toute la durée des débats, le ministère public et
le conseil de l'accusé auraient toute latitude pour expliquer au jury la peine encourue. Dès que les débats
seraient terminés, les jurés rentreraient dans la chambre
de leurs délibérations, emportant, comme aujourd'hui,
les pièces de la procédure sauf les actes de l'instruction.
L'acte d'accusation porterait le texte *in extenso* des
articles visés.

La grande innovation consisterait dans la suppression
du questionnaire. Nous croyons que le questionnaire
est l'un des plus graves inconvénients de la procédure
actuelle. Outre qu'il est souvent fort difficile de réunir
les faits constitutifs d'un délit dans les étroites limites
d'une question, on peut lui reprocher trois défauts principaux : Le nombre de questions posées est souvent si
considérable que les jurés se perdent au milieu de plusieurs centaines de questions principales et de circonstances aggravantes. De plus, formulé dans un style technique,
le questionnaire présente souvent une obscurité telle que
le jury ne peut faire autrement que de répondre au
hasard, niant un fait principal et répondant affirmativement sur une cause d'aggravation, alors qu'il voulait
faire absolument le contraire. Enfin, grâce à ce mode de
procéder les questions subsidiaires sont à la discrétion
absolue de la Cour. Si l'on ajoute à tout cela qu'une
question mal posée ou formulée en termes qui,
bien que clairs, et exacts ne sont pas consacrés par la

loi ou par la jurisprudence, est une cause de nullité, on se rendra compte de la confusion déplorable que cette institution du questionnaire apporte au milieu des débats criminels. Sa suppression ne saurait prêter, croyons-nous, à la moindre critique.

Institué uniquement pour permettre aux jurés de faire connaître leurs décisions à la Cour, le questionnaire deviendrait inutile le jour où les deux éléments judiciaires pourraient discuter ensemble et se comprendre enfin. Le jury n'aurait que trois points à résoudre et se poserait lui-même les questions : Quel est le crime reproché à l'accusé? Celui-ci en est-il l'auteur? En est-il l'auteur coupable? Les circonstances aggravantes et les excuses légales (qui le plus souvent ne sont même pas discutables) seraient les unes visées par l'arrêt de renvoi et l'acte d'accusation, les autres indiquées par une simple observation du président. La procédure serait à la fois simple et rapide. Le questionnaire, à notre avis, n'a qu'un avantage, c'est au cas où plusieurs accusés comparaissent, en même temps devant le jury: parfois c'est toute une « bande » de quinze ou vingt malfaiteurs auxquels il faut ajouter la suite obligée des complices et des recéleurs. Dans ce cas, il est impossible, lors de la discussion, de ne pas avoir sous les yeux la liste des accusés, des crimes reprochés à chacun d'eux et des circonstances aggravantes qui en modifient la qualification. Le questionnaire sert alors de *repère*. Mais dans les procès de ce genre — heureusement peu nombreux — on a recours à une pratique excellente qui, si elle était généralisée, remplacerait avantageusement le questionnaire. Au début de l'audience, on distribue aux magistrats, à l'avocat général et aux jurés des cahiers dont chaque page consacrée à l'un des accusés, porte la mention des faits reprochés à chacun; une colonne est destinée à recevoir les observations. En réalité, c'est une feuille de notes. Nous croyons que, avec quelques modifications, ces cahiers remplaceraient, pour toutes les affaires un peu compliquées, le questionnaire actuel et présenteraient ce grand avantage que tous les points du procès seraient exposés par écrit sous les yeux des jurés pendant la durée des débats.

Comme nous l'avons dit, le jury statuerait en fait et en droit. Dès le début de l'institution, on a été obligé de reconnaître qu'il était impossible d'appliquer complètement la distinction inventée par la loi de 1791. Quotidiennement, le jury est interrogé sur des points de droit comme les excuses légales, les questions subsidiaires, les circonstances aggravantes. Du reste, par cela même qu'on pose la question principale en ces termes : « L'accusé est-il coupable? », on reconnaît implicitement au jury le droit de statuer sur le crime tout entier. Aussi, en est-on venu à interroger le jury sur les questions préjudicielles, sauf, bien entendu, dans les cas où le tribunal civil est seul compétent. Mais, après avoir ainsi reconnu l'inconséquence de la théorie primitive, la jurisprudence a réservé à la Cour la connaissance de certaines autres questions, ce qui donne lieu à de continuelles hésitations et à de fréquentes nullités. La question de qualification légale, par exemple, ne peut être posée aux jurés, de sorte que ceux-ci sont interrogés sur le point de savoir s'il y a « soustraction frauduleuse » et non s'il y a « vol ». Comme on le faisait spirituellement remarquer, c'est précisément le contraire qui serait logique.

Toutes ces questions, nous les voudrions voir entre les mains du jury.

Lorsque, aujourd'hui, l'incrimination se modifie pendant le cours des débats, on interroge le jury par le moyen d'une question subsidiaire. Dans la procédure que nous proposons, il n'y aurait là matière à aucune difficulté. M. de la Grasserie (dont nous partageons, sur ce point, sinon toutes les idées, du moins les plus générales) a proposé une solution fort logique et à laquelle nous nous rallions : « Lorsque des faits nouveaux se révèleront au cours des débats, ils devront faire l'objet d'un renvoi à une autre session, si l'accusé le demande. L'incrimination peut changer aussi pendant cette période, il en naîtra une question subsidiaire que le président indiquera et que les jurés se poseront à eux-mêmes. Si le fait devient un simple délit, il n'en sera pas moins jugé par le jury; c'est du reste ce qui existe aujourd'hui; le jury aura la plénitude de la juridiction (1) ».

Toutefois, les questions de forme, les nullités, les exceptions, les incidents sont évidemment du domaine des magistrats professionnels. La Cour se les réserverait. Le jury statuerait sur tous les autres points de droit.

Mais, dira-t-on, comment les jurés pourront-ils discuter toutes ces questions de droit, eux qui ne sont certes pas des jurisconsultes? En présence de pareilles difficultés ne seront-ils pas exposés à rendre des verdicts incohérents? Le jury est un corps sans tête. Il a bien un président, un « chef » comme dit la loi, mais ce chef est désigné de la façon la plus ridicule: par le sort, de sorte que c'est souvent au moins intelligent qu'incombe la tâche de diriger

(1) De la Grasserie, *Origines, évolution et avenir du Jury.*

ses collègues. Cherchons s'il n'y aurait pas un remède à
cet état de choses. A toute réunion d'hommes, de magistrats surtout, il faut sinon un chef, du moins un directeur, un guide. Depuis longtemps on le réclame. M. Snyers,
entre autres, demandait qu'on adjoignît au jury un magistrat ou un avocat « avec voix consultative (1)». Nous croyons
pour les motifs indiqués plus haut, que le magistrat devrait
être écarté. M. de la Grasserie disait avec raison que ce
n'était pas un souverain absolu, mais un « président
constitutionnel » qu'il fallait donner au jury. Il concluait
en montrant qu'un avocat pourrait fort bien remplir ce
rôle : « Un avocat (non pas stagiaire) fera partie de chaque
jury, en dehors de la liste et du tirage ; il pourra, cela va
de soi, être récusé comme les autres jurés et sera remplacé alors par un confrère ; il sera choisi pour chaque
session ou pour plusieurs jours d'une session par le
Conseil de l'Ordre..... Un tel chef aura l'avantage d'être
éclairé sûrement, de n'avoir aucun lien avec l'accusation
et de relier fortement les éléments souvents peu cohé-
rents du jury » (2). De cette façon, soustraits à toute
influence, guidés par leur chef, les jurés pourraient
facilement résoudre le fait et le droit, juger, en même
temps, le criminel et le crime tout entier.

Si le jury estimait que l'accusé n'est pas l'auteur de
crime ou qu'il en est l'auteur « innocent » (par suite d'un
fait justificatif), la procédure se trouverait terminée.
L'accusé serait remis immédiatement en liberté.

(1) **Snyers**, *Le Jury en matière criminelle*.
(2) De la Grasserie, *op. cit.*

Si le jury estimait, au contraire que l'accusé est l'auteur « coupable » ou même « non coupable », il se réunirait à la Cour pour statuer sur la question de pénalité.

2° Jugement de la peine par la Cour et le jury réunis. On peut concevoir deux moyens de faire statuer le jury sur la peine.

Le premier, qui est le plus simple, serait de permettre au jury d'appliquer lui-même les dispositions du Code pénal. C'est une solution qu'avaient proposée plusieurs publicistes, mais il faut bien reconnaitre que dans la pratique elle se heurte à de fortes objections. L'application de la peine n'est pas toujours une chose simple. Il y a des questions d'interprétation, de cumul, de récidive qui ne peuvent être résolues que par des magistrats. Il semble donc bien qu'à ce moment ces derniers doivent intervenir dans la discussion. Aussi, M. de la Grasserie proposait-il la solution fort ingénieuse que voici : Le président de la Cour d'Assises aurait dirigé la délibération des jurés sur la peine. Mais son rôle se serait borné là. « Arbitre en droit », il aurait éclairé le jury sur les conséquences de son verdict, mais n'aurait eu que « voix consultative ».

Nous estimons devoir nous rallier à un autre système. Nous croyons nécessaire de laisser aux magistrats une part, et une part très large, dans l'œuvre de la justice criminelle. Plus indépendants, peut-être aussi mieux recrutés, ils auront des qualités indéniables et une préparation spéciale qu'on ne pourra jamais trouver chez des juges d'occasion. Il est vrai que leur principal défaut sera toujours d'être précisément « trop préparés » à la répression. Mais, n'est-il pas possible, en les réunissant aux jurés, de réaliser une forme de collaboration nouvelle et plus logique qu'actuellement entre l'élément profession-

nel et l'élément laïc ? La science, la pondération des magistrats seraient le contrepoids nécessaire aux hésitations
et aux entraînements inhérents aux juges populaires.

C'est-là le point culminant de notre réforme ; c'en est
aussi le plus délicat.

Dès que les jurés se seraient mis d'accord sur les points
de fait et de qualification légale, ils se rendraient dans
la chambre du Conseil pour discuter, de concert avec les
magistrats de la Cour, la question de pénalité. Cette discussion serait nécessaire, avons-nous dit, non seulement
si l'accusé était déclaré « coupable », mais encore s'il
était déclaré « non coupable ».

a) L'accusé a été déclaré « non coupable » par le
jury. — Il y a une grande différence entre un verdict d'innocence et un verdict de non culpabilité. Actuellement,
le jury ne peut rendre que des verdicts de non-culpabilité.
Comme nous l'avons fait observer, dans le système que
nous proposons, il lui serait possible de rendre des verdicts d'innocence. La distinction aurait une grande importance pratique, car elle permettrait de *motiver les arrêts
de Cour d'Assises*. Nous étudierons ce point dans le
chapitre suivant; il est donc inutile d'y insister ici. Les
verdicts de non culpabilité donneraient lieu à diverses
décisions (allocation de dommages-intérêts, internement
dans une maison d'aliénés) qui sont autant de jugements
sur la « peine » et nécessiteraient, en conséquence, le
concours de l'élément professionnel.

b) L'accusé a été déclaré « coupable » par le jury. —
Il s'agirait d'appliquer la peine prévue par la loi et de
statuer (s'il en est besoin) sur les dommages-intérêts. Le
jugement serait précédé d'une délibération où chacun
pourrait exposer son opinion. Puis, sous la présidence

du chef de la Cour, on discuterait le *quantum* de la peine. Il est probable qu'on arriverait facilement à une entente. Dans tous les cas, l'arrêt serait rendu à la majorité, les voix des magistrats et du président lui-même, n'ayant pas plus de valeur que celle des jurés. Le nombre des voix pour la condamnation ne serait jamais indiqué dans l'arrêt.

De cette manière de délibérer et de statuer en commun découleraient plusieurs conséquences que nous allons examiner.

Et tout d'abord, les délibérations des jurés se rapprocheraient davantage de celles d'un tribunal ordinaire, ce qui entraînerait une double suppression : celle du questionnaire dont nous avons déjà parlé, et celle du vote écrit qui constituerait, croyons-nous, un véritable progrès. M. Cruppi a éloquemment rappelé les vives protestations qui se sont élevées contre le vote secret. Le Code avait cru assurer par ce moyen l'indépendance des jurés en garantissant leur liberté. Mais les résultats semblent bien avoir été tout à fait opposés à ceux qu'on attendait. L'anonymat du scrutin secret couvre toutes les défaillances ; le vote oral n'en permet aucune, parcequ'un homme se révolte à la pensée d'être accusé de lâcheté et quelque fondées que soient ses appréhensions, il a soin de les cacher. Du reste, d'après le système que nous proposons, il n'y aurait pas de vote à proprement parler, mais une simple délibération semblable à celles qui se passent quotidiennement dans nos tribunaux.

Mais, pour qu'une délibération puisse avoir lieu, il faut réaliser avant tout, une première condition : apporter de profondes modifications à l'organisation actuelle de la Cour d'Assises ; c'est là du reste l'un des avantages de notre théorie : nous en dirons quelques mots. Si

l'on conservait les trois magistrats et les douze jurés
actuels, on aurait un total de quinze juges, chiffre trop
élevé à tous les points de vue ; la discussion de la pénalité traînerait en longueur et on éprouverait quelque
peine à se mettre d'accord. Il faut donc réduire ce
nombre.

On a souvent proposé de supprimer les deux conseil-
lers qui assistent le président d'Assises. « Ils perdent,
a-t-on dit, leur temps à l'audience » alors que leur présence serait si utile ailleurs. A Genève, on a réalisé cette
réforme en remplaçant ces deux magistrats par deux
juges-assesseurs non gradués en droit. Ces échevins
nommés pour plusieurs années, mais ne possédant aucune
éducation juridique, semblent être une institution chère
aux législateurs suisses. Nous avons fait connaître ce
que nous en pensions : il n'ont plus la fraîcheur d'im
pression des jurés et ne gagnent jamais la science des
magistrats. Nous estimons donc qu'il est préférable de
garder les trois magistrats actuels.

Il n'en est pas de même pour les jurés. Longtemps le
chiffre douze (qui était celui de la loi anglaise) parut un
chiffre fatidique en deçà duquel il n'y avait pas de justice
possible. On commence à revenir sur de pareilles idées
et à répudier de semblables préjugés. En réalité, ce qu'il
faut, ce que réclament nos mœurs politiques, c'est une
représentation suffisante de l'élément non-professionnel.
Six jurés (sans compter le chef du jury qui n'aurait que
voix consultative) nous semblent constituer un nombre
suffisant puisqu'il est le double du nombre des magistrats.
Le collège judiciaire statuant sur la peine serait ainsi de
neuf membres. Le nombre des voix serait donc impair
ce qui assurerait à la Cour d'Assises les avantages que le

législateur de 1857 s'est efforcé d'attribuer aux Conseils de guerre. On sait, en effet, les inconvénients que présente le partage des voix, dans le système actuel et les solutions différentes admises pour les excuses légales et les circonstances atténuantes. Le petit nombre des jurés présenterait encore un double avantage. D'une part, il rendrait difficile le rôle des « meneurs » qui ont été la cause de tant de verdicts déplorables. D'autre part, il rendrait bien moins pénible le « concours civique », puisqu'il suffirait de moitié moins de jurés pour chaque session.

Enfin, à la Cour d'Assises de l'avenir, un élément nouveau viendrait parfois s'ajouter. « Toutes les fois que des chiffres s'élèvent, dit M. de la Grasserie, c'est un comptable qui, seul, peut véritablement apprécier ; d'autant plus que le droit est quelquefois incertain on se base sur des distinctions subtiles. Le notaire qui reçoit des fonds d'un client et les dissipe est innocent au point de vue pénal, mais il devient coupable d'un crime grave s'il a inscrit sur la quittance qu'il a reçu pour opérer le placement. Mais, ces difficultés ne sont rien auprès de celles qui résultent de la comptabilité elle-même ». (1) Dans des cas semblables, magistrats et jurés sont, d'ordinaire, également incompétents. Des experts viendraient les éclairer. Ces experts, qui ne seraient jamais plus de deux, remplaceraient le même nombre de jurés. Ils délibéreraient avec le jury sur la culpabilité de l'accusé et sur la peine qui lui serait applicable.

En résumé, nous voudrions, le crime une fois prouvé et qualifié, que magistrats et jurés se réunissent dans une même délibération. Le jugement sur la question de pénalité qui la terminerait, serait l'expression des sen-

(1) De la Grasserie , *op. cit.*

timents tout à la fois des juges de profession et des juges populaires, auxquels s'ajouteraient parfois les experts. Nous sommes heureux de constater que c'est une solution de ce genre qu'ont adoptée, du moins en principe, les membres de l'Académie de Législation de Toulouse, M. le professeur Garraud, M. le conseiller Flandin (1) et M. le professeur W. Mittermaier de l'Université d'Heidelberg (2). C'est sous le patronage de leur haute autorité et de leur indiscutable compétence que nous plaçons la réforme que nous venons d'exposer.

SECTION III

LE JURY CORRECTIONNEL

. Toute la discussion n'a porté, jusqu'ici, que sur le jury criminel. Il nous reste à étudier de quelle façon on pourrait étendre l'institution du jury au jugement des délits et de quelle organisation serait susceptible une telle juridiction.

Si, en effet, le jury est une garantie tout à la fois d'indépendance et de meilleure justice, pourquoi restreindre son application au terrain du grand criminel. Est-ce parce que les délits sont susceptibles de peines moins sévères que les crimes ? Mais croit-on que la peine quelle qu'elle soit, n'est pas une flétrissure ? Est-ce que cette marque d'infamie, qui suit toute sa vie un condamné, est moins difficile à effacer s'il sort de Poissy que s'il revient de Nouméa ? Et, du reste, est-il juste de parler du peu de gravité des peines correctionnelles ? La

(1). *Bulletin de la Société Générale des Prisons,* Janvier 1900.
(2). *Id.,* Février 1900.

terrible peine de la relégation, qui raie des cadres de la société celui qui en est frappé, n'est-elle pas prononcée quotidiennement par les tribunaux correctionnels ? Ne sait-on pas que les récidivistes préfèrent les travaux forcés, grâce au mirage de la transportation, à un emprisonnement de dix années dans la réclusion d'une maison centrale ?

Dès qu'on admet le principe du jury, il est, au contraire, de toute nécessité d'étendre les attributions de celui-ci et de lui permettre de juger toutes les infractions, quelles qu'elles soient, ou bien il sera trop facile de restreindre chaque jour sa compétence par des correctionnalisations soit judiciaires, soit légales.

La Constituante l'avait bien compris et la loi du 19-22 juillet 1791, dans ses articles 46, 47 et 48 instituait des Assises correctionnelles, concurremment aux tribunaux correctionnels. Nous savons en quoi consistaient ces dispositions et combien éphémère en fut la durée. Ce n'était pas le Code d'Instruction criminelle rédigé sous les yeux du Maître qui pouvait songer à étendre la compétence d'une institution en défaveur, parce que trop peu servile. Peu à peu, l'on oublia le jury correctionnel et ce n'est qu'en 1848 que le Gouvernement provisoire reprit l'idée de la Constituante.

La Commission nommée le 2 mars pour élaborer la réforme de l'organisation judiciaire, dont nous parlions plus haut, avait tout d'abord approuvé un projet tendant à créer des tribunaux correctionnels composés d'un magistrat et de huit jurés. L'art. 83 du Projet de Constitution qui fut déposé sur le bureau de l'Assemblée concernait l'extension du jury aux affaires civiles et correctionnelles. Mais une consultation défavorable de la

Cour de Cassation présidée par Portalis et les violentes attaques de la presse, empêchèrent la réforme. Armand Marrast rapporteur de la Commission le constatait non sans mélancolie. Les efforts des partisans du jury, lors de la discussion du Projet de Constitution échouèrent également.

L'idée fut reprise en 1877 par M. Versigny, député. Sans nous attarder à décrire les vicissitudes de sa proposition de loi (1) qui, tout d'abord prise en considération (2) ne put être discutée en temps utile, sans nous étendre davantage sur quelques propositions du même genre (3), nous arrivons aux longues et sérieuses discussions de 1882 et de 1883. A propos de la réforme de l'organisation judiciaire, de nouveaux projets, énergiquement soutenus, essayèrent d'introduire le jury dans les procès correctionnels, soit concurremment, soit à l'exclusion des tribunaux d'arrondissement.

Une proposition tendant à l'institution d'Assises correctionnelles fut déposée par M. M. Versigny et Bernard, le 19 janvier 1882 (1). C'était à peu près la copie de la proposition que M. Versigny avait eu le regret de ne pas voir aboutir à la précédente législature. Ces Assises correctionnelles étaient composées du président du tribunal et de six jurés mais avec cette particularité remarquable

(1) du 12 janvier 1877.

(2) Chambre des députés — Séance du 23 janvier 1879.

Une Commission fut alors chargée d'examiner la proposition et M. Versigny lui-même en fut nommé rapporteur. Cette commission se prononça contre l'Assessorat que consacrait la proposition et par défiance d'une institution nouvelle et par crainte de l'influence du président sur les jurés.

(3) Proposition Aymard-Duvernay, 1880 ; — Contre-projet Jules Simon, 1881.

(1) J. O. Chambre Annexes 1882 ; Ann. 302

que ces jurés étaient de véritables assesseurs puisqu'ils
statuaient sur le droit aussi bien que sur le fait (art. 4) :
la peine et les dommages-intérêts étant prononcés à la
majorité des voix. « Nous avons préféré aux jurés ordinaires, disait M. Versigny dans sa précédente proposition,
des jurés-assesseurs qui sont à la fois juges et jurés, parcequ'on évite ainsi dans les affaires qui doivent être jugées
la distinction du fait et du droit, la position des questions
et toutes les formes des Cours d'Assises. Les six assesseurs
placés sous la présidence d'un magistrat font l'office des
juges actuels dans toutes les préventions graves. Les
Assises correctionnelles deviennent le complément des
Assises criminelles (1) ». Toutefois, certaines questions
de droit (incompétence, nullités) étaient réservées au
président seul. Les jugements de ce tribunal d'assesseurs
devaient être motivés, sauf en cas d'acquittement.

C'est la même idée qui guidait M. Martin-Feuillée,
lorsque le 2 février, il demandait la suppression des
tribunaux correctionnels et leur remplacement par des
juridictions composées de quatre jurés assesseurs, délibérant sous la direction du juge de paix (2). Celui-ci posait
aux jurés des questions visant chaque point de fait, par
imitation de la procédure des Conseils de guerre. La
solution des questions de fait et de pénalité était prise à
la majorité des voix (trois voix, au moins, contre deux)
sauf pour certaines questions de droit que M. Martin-
Feuillée, comme ses prédécesseurs, réservait au juge de
paix (3).

(1) *J. O.* janvier 1877.

(2) Proposition de loi sur la réforme de l'organisation judiciaire présentée à la Chambre par M. Martin-Feuillée, le 2 février 1882. — *J.O.*
Chambre Annexes, 1882, Ann. 378 (principalement les art. 55 à 59).

(3) Plus tard, le 10 mars 1883, M. Martin-Feuillée devenu ministre de

Quelques jours après, le **23** février, M. Henri Giraud déposait, sur le même sujet, une proposition de loi qui accusait des tendances radicalement opposées (1). Adversaire de l'Echevinage, il s'efforçait de démontrer l'influence néfaste du juge de profession dans la discussion sur la culpabilité. Aussi proposait-il pour la justice correctionnelle, une imitation complète de la procédure d'Assises, qui, disait-il, « a fait ses preuves ». Il adjoignait aux trois magistrats du tribunal correctionnel actuel un collège de six jurés. Il créait ainsi deux éléments : l'un professionnel, l'autre populaire qui devaient avoir des attributions distinctes, comme au grand criminel. Les magistrats statuant sur le droit et sur l'application de la loi, les jurés sur le fait, et rien que sur le fait. C'est à un système semblable que s'était arrêtée la Commission de 1879.

Il faut rapprocher de ces propositions de loi le rapport de la Commission chargée de les étudier.

Le rapporteur, M. Pierre Legrand demandait la suppression des tribunaux correctionnels qu'il proposait de remplacer par des tribunaux d'assesseurs semblables à ceux de M. Martin-Feuillée, mais ayant à leur tête un président de tribunal. Voici, selon lui, les motifs qui avaient déterminé les préférences de la Commission. : « Tel qu'il est institué aujourd'hui, le jury criminel n'est appelé à statuer que sur la question de fait ; il ne répond que par oui ou par non aux questions qui lui sont posées et c'est la Cour qui statue sur l'application de la peine et

la justice, déposait au nom du gouvernement un projet de loi semblable à sa proposition de 1882, sauf qu'il remplaçait par le président du Tribunal le juge de paix que beaucoup trouvaient, non sans raison, trop peu élevé dans la hiérarchie judiciaire et trop complètement soumis aux influences locales pour remplir d'aussi importantes et délicates fonctions.

(1) *J. O.*, Chambre Annexes, 1882; Ann. 452.

sur les demandes en restitution et dommages-intérêts. De là, des décisions qui ont souvent ému l'opinion publique. Un fait était patent, le jury en avait reconnu la matérialité mais les circonstances en avaient singulièrement modifié l'importance ou le caractère et la Cour, par une condamnation en disproportion avec la gravité des faits telle qu'elle était apparue au jury, avait souligné le désaccord existant entre ces deux parties d'un même tribunal. Dans d'autres cas, alors que le jury s'était prononcé pour la non-culpabilité du prévenu, la Cour avait pu, sans violer la loi, tout en prononçant l'acquittement, accorder à la partie civile des dommages-intérêts considérables. Ce sont là des vices qu'il serait bon de corriger dans la loi réglant la constitution du juge criminel et qu'il était nécessaire de ne pas laisser consacrer dans la loi nouvelle. Le tribunal ainsi composé d'un juge et d'assesseurs prononcera sur le fait et sur le droit, il prononcera sur l'application de la peine, sur les demandes en restitution et les dommages-intérêts. »

« L'assesseur, dira-t-on, sera alors un véritable juge plutôt qu'un juré. C'est possible, mais la société ne pourra que gagner à cette intervention directe des délégués de la nation dans l'administration de la justice. »

« Toutefois en ce qui concerne les exceptions et les incidents qui peuvent être soulevés dans le cours des débats, comme ce sont là des questions difficiles dont la solution exige toujours une connaissance approfondie du droit, nous avons laissé au président le soin de les juger seul en dehors de ses assesseurs. » (1)

Nous trouvons donc sur cette matière du jury correc-

____

(1) *J. O.*, Chambre Annexes 1882 ; Ann. 783, titre III, art. 17.

tionnel deux systèmes tout à fait opposés, de même que
pour le jury criminel deux solutions extrêmes étaient
indiquées : D'une part, on peut appliquer au jugement
des délits, la procédure d'Assises, ce qui exige l'institution de deux magistratures — élément laïc, élément
technique —, mais aussi ce qui transporte au petit
criminel tous les inconvénients, les désaccords, les
compromis inévitables que nous avons déjà signalés.
C'est le système de la Commission de 1879 repris à
nouveau par M. Giraud. D'autre part, on propose la
création d'un Assessorat, semblable à celui qui fonctionne
aux colonies, où les deux éléments de juridiction
seraient confondus, où les décisions seraient prises à la
majorité des voix.

C'est ce dernier système qui semble l'emporter en
théorie comme dans la pratique. Presque toutes les
propositions d'Assises correctionnelles ont patronné
l'Assessorat (1). C'est le même système qui a été suivi
dans la plupart des pays étrangers qui ont introduit le
jury au petit criminel. Enfin, c'est également l'opinion
de nombre de professeurs et de magistrats éminents.

Toutefois, dans une semblable hypothèse, si le jury
participe complètement à l'application de la peine, le
magistrat-directeur participe, à son tour, à la discussion
des questions de fait et de preuves : matérialité, culpabilité. C'est une situation assez délicate. Il faut
remarquer que c'est sur cette dernière conséquence du
jugement en commun qu'ont porté toutes les critiques
des adversaires de l'Assessorat. C'est pour permettre de

(1) Désirant exposer la question, sans en faire l'historique, nous avons
volontairement négligé un certain nombre de propositions faites peu après
celle de M. Martin-Feuillée, d'autant plus qu'elles ressemblent, presque en
tous points, à celle de l'honorable député.

l'écarter que M. Giraud a déposé son projet de loi et, dans son exposé des motifs, il reprochait vivement aux propositions Versigny et Martin-Feuillée d'être en désaccord avec les sentiments de l'opinion publique dont les justes réclamations avaient obtenu, peu auparavant, la suppression du résumé du président d'Assises.

Aussi, un peu plus tard, en mai 1882, M. Gerville-Réache déposait un amendement tendant à créer un jury moins « éloigné » des délibérations des magistrats correctionnels que ne l'est de la Cour d'Assises, le jury criminel, sans aller cependant jusqu'à l'Assessorat. Séparant nettement la discussion du fait de la discussion de la peine, il demandait qu'il fût permis aux jurés de délibérer seuls sur le premier point et de se réunir ensuite aux magistrats de profession pour faire au prévenu application des articles du Code.

Tous ces projets furent repoussés. Mais, il est facile de voir d'après les rapports des Commissions que le principal — ou plutôt le seul — défaut qu'on leur reprochait, c'était d'être des innovations. La crainte de l'inconnu, nous a toujours empêché d'appliquer nos meilleures idées.

La question n'est pas abandonnée, il s'en faut de beaucoup. De nombreux articles la développent, quotidiennement, la présentant sous des formes un peu différentes, et il est probable qu'un jour — prochain, peut-être — la verra revenir devant les Chambres.

Pour nous, nous estimons qu'il y a ici deux questions en jeu et qu'il importe de les bien distinguer.

Il s'agit, d'abord, de savoir s'il convient d'étendre les attributions de la justice populaire et de lui soumettre le jugement des délits; ensuite, de chercher de quelle façon ces juges populaires participeraient à l'application de la loi pénale.

La première question sort, un peu, du cadre de cette étude. En théorie, nous sommes partisan de l'extension de la compétence du Jury au petit criminel. Pratiquement, nous craignons que les nouveaux jurés, ou assesseurs — comme on voudra les appeler — ne trouvent la charge bien lourde. Peut-être, sera-t-il difficile d'obtenir ce nouveau sacrifice d'un peuple qui fait une révolution pour obtenir la consécration de droits dont il semble se soucier fort peu, dans la suite.

Quant à la seconde question, nous donnerons une solution un peu différente de celle que nous avons admise pour la Cour d'Assises. Nous ne craignons pas d'être accusé de contradiction car, à notre avis, les situations ne sont pas tout à fait semblables. L'Echevinage, en police correctionnelle, pourrait donner, croyons-nous, d'excellents résultats. Sous la direction du président du tribunal civil, les assesseurs-jurés délibèreraient sur toutes les questions de fait et de droit (sauf les questions préalables) et appliqueraient la peine, de concert. Sans doute, on peut trouver quelques inconvénients à ce système puisque le président discute le fait avec le Jury; mais il nous semble impossible d'y apporter un tempérament dans le genre de celui de M. Gerville-Réache. Dans certains tribunaux correctionnels, à Paris notamment, les rôles se trouvent si chargés qu'il est de toute nécessité que la procédure soit aussi rapide que peu compliquée. Il est bien clair que la plupart des délibérations du tribunal d'assesseurs auront lieu sur le siège et il ne serait peut-être pas aisé de transporter devant ce tribunal les formes nécessairement un peu compliquées que nous avons proposées pour la Cour d'Assises. Si l'on remarque, d'autre part, qu'aucune raison ne subsistant plus en faveur de la correctionnalisation des crimes, tous les faits vraiment graves, seront soumis au jury d'Assises, on voit que les Assises correctionnelles n'auront à juger que des affaires ordinairement simples et que le système de l'Assessorat ne présentera guère de dangers.

Nous ne terminerons pas sans faire remarquer que notre avis est aussi celui d'un certain nombre de jurisconsultes et de praticiens qui repoussent cependant énergiquement l'Echevinage criminel (1).

Ce n'est pas un spectacle sans intérêt que celui d'une nation de laquelle les plus vives critiques s'élèvent contre le jury d'Assises et qui cherche, par tous les moyens, à étendre la compétence de ce même jury. Nous prouvons ainsi, que nous sommes assez sages pour reconnaître que les défauts du jury tiennent bien moins à l'institution elle-même qu'à la manière dont on l'applique.

(1) Cs. de la Grasserie, *op. cit.*, et l'enquête faite par les soins de la Société Générale des Prisons; *Bulletin*, janvier 1900.

CHAPITRE V

Depuis longtemps, criminalistes et publicistes déplorent la manière dont est formulé le verdict du jury, tout en reconnaissant l'impossibilité d'admettre celui-ci à *motiver* ses décisions.

Répondant par un seul mot (à peine de nullité) aux questions qui leur sont posées, les jurés jouent un peu le rôle des augures antiques dont le plus grand défaut était de rendre des oracles que chacun pouvait interpréter à sa guise.

Et cependant, il est inadmissible que la Cour donne au verdict rendu la signification qu'il lui plaît, peut-être absolument opposée à celle qu'il avait dans l'esprit du jury. Il est inadmissible qu'un verdict négatif puisse être considéré comme la consécration judiciaire de l'impunité de certains crimes, alors que le jury n'a été déterminé que par la trop grande disproportion existant entre la peine et le fait délictueux. C'est l'un des plus puissants arguments des adversaires du jury et nous en reconnaissons volontiers toute la portée. Comme le principe du questionnaire est basé sur la défense aux jurés de s'occuper de la peine, c'est-à-dire de rendre un jugement, il est clair que le système actuel ne saurait admettre que le jury donne quelque indication sur sa pensée. Aussi, les partisans de l'Assessorat ont-ils cru voir dans leur théorie le palliatif à une situation qui n'a que trop duré et la consécration d'une réforme plus impérieuse de jour en jour.

Nous ne sommes pas favorable à l'Assessorat. Nous avons dit pourquoi. Mais, ne pourrait-on chercher si, sans toucher au jury et en modifiant simplement sa procédure dans le sens que nous avons indiqué, on n'arriverait pas à lui permettre d'expliquer son verdict, sinon au public, du moins à la Cour.

Mais, d'abord, il est nécessaire d'étudier en quoi consisteront les motifs d'un tel verdict, ou plutôt d'un tel jugement, puisque c'est en concours avec les jurés que les magistrats rendraient l'arrêt.

On a, très spirituellement, fait observer qu'il était difficile de comprendre à quoi servirait un pareil verdict. Ces sortes de verdicts, disait-on, ressembleraient un peu trop aux jugements des tribunaux correctionnels qui ne portent d'autre motif que celui-ci : « Attendu que le fait est constant et attendu que *N...* s'est rendu coupable, tel jour, à tel endroit, de tel délit, le condamne... » Dans ces conditions, à quoi bon motiver le jugement ?

Il est bien entendu qn'on ne peut pas demander à un juge (et le jury tel que nous le voudrions, serait un véritable juge) d'indiquer tous les motifs de son jugement et cela pour une excellente rason,i c'est qu'il ne les connaît pas bien lui-même. Pourquoi le magistrat correctionnel inflige-t-il, pour un vol, 6 mois de prison au lieu de 10 ou de 12 ? Il n'est peut-être pas téméraire de croire que, tout le premier, il l'ignore. Il y a là une sorte de tarif, de fixation jurisprudentielle de la peine qu'il ne peut pourtant pas insérer dans les *motifs* de son jugement. — Et lorsqu'un tribunal ne tient pas compte des négations énergiques d'un accusé, ou lorsqu'au contraire il prononce l'acquittement d'un homme contre lequel se sont élevés des témoignages peu dignes de foi, croit-on qu'il lui soit possible de donner tous les motifs de sa dé-

cision ? de dire pourquoi tel témoin lui semble plus véridique que tel autre ?

Non. — Mais, il faut remarquer que l'immense avantage des jugements correctionnels, c'est qu'ils distinguent
le fait, de l'agent ; jugent, tour à tour, la matérialité du
délit et la culpabilité du délinquant. Or, c'est précisément
ce que ne peut pas faire le jury d'Assises, quand il rend
un *verdict négatif*.

Lorsqu'il répond : « Non, l'accusé n'est pas coupable » ;
est-ce un verdict d'innocence ?, ou seulement d'absolution, de pardon ?, ou encore d'irresponsabilité ?

Autant de questions bien graves, d'où dépendent l'honneur et la fortune des citoyens et que le jury pourtant
ne peut trancher. Les magistrats de la Cour séparés des
jurés pendant tout le procès, ignorant leurs impressions,
leurs convictions, vont avoir à *deviner* le verdict du jury
et à *l'appliquer tel qu'ils le comprennent, mais non pas
toujours tel qu'il est*.

Mais, nous dira-t-on, vous demandez le rétablissement
des questions divisées et de tous les inconvénients qui en
hâté la suppression ?

Nous avons déjà dit que nous n'étions pas favorable au
questionnaire. L'ancien système ne pouvait subsister
parce que, trop compliqué, il n'était pas compris des
jurés ; mais, au moins, il avait un avantage : il était
analytique et permettait de décider d'abord si l'accusé
était l'auteur du fait, avant de juger s'il en était l'auteur
coupable.

Si l'on admettait que le jury pût statuer sur la peine,
en collaboration avec la Cour, il lui serait facile, en ce
cas, de faire connaître son sentiment sur le côté objectif, puis sur le côté subjectif de l'affaire qui lui est

confiée.Les arrêts pourraient, dès lors, être motivés de la manière suivante :

« Attendu que le fait n'est pas constant....... »

ou : « Attendu que l'accusé n'est pas l'auteur du fait..... »

ou: « Attendu que l'accusé est l'auteur du fait, mais qu'il était en état de légitime défense..... »

Ce sont là trois verdicts « d'innocence ». L'accusé est acquitté et la partie civile succombe nécessairement.

Voici, au contraire, un verdict de « non culpabilité » :

« Attendu que l'accusé est l'auteur du fait ; mais, attendu qu'au moment du crime il était en état d'aliénation mentale..... ».

Dans ce cas l'accusé est encore acquitté, mais la partie civile peut obtenir des dommages-intérêts et, comme nous le verrons au chapitre suivant, il serait désirable qu'une décision judiciaire intervînt sur l'internement.

Mais, nous dira-t-on, un cas beaucoup plus délicat peut se présenter. Si le minimum de la peine portée par la loi (et qui est de deux ans en matière de meurtre, par exemple) paraît trop sévère au jury, comment le verdict sera-t-il motivé ? Le jury aura toujours une certaine tendance à se mettre au-dessus de la loi et à acquitter toutes les fois que la peine lui paraîtra trop dure ; or, l'omnipotence ne peut pas se motiver, sinon l'arrêt criminel serait cassé pour excès de pouvoir. Dans ce cas, le jury ne se verra-t-il pas contraint à nier le fait matériel afin d'éviter une condamnation à l'accusé auquel il s'intéresse.

Nous répondrons que c'est là une hypothèse qui se présentera bien rarement. Néanmoins, même dans ce cas, il ne sera pas difficile au jury de faire motiver l'arrêt de la façon suivante : « Attendu que la responsabilité de l'accusé, au moment du crime n'est pas suffisamment prouvée... ». Sans doute de pareils motifs sont bien vagues, mais au moins, l'arrêt aura le grand mérite de reproduire fidèlement la pensée qui a inspiré un acquittement au jury et de ne jamais se mettre en opposition avec le sentiment de celui-ci.

C'est ce qui se présentera surtout pour deux questions qui sont, certes, l'une et l'autre, à l'ordre du jour et à la solution desquelles sont intéressés et l'ordre social et le bon fonctionnement de la justice criminelle :

L'action civile intentée devant la Cour d'Assises et le problème si troublant des aliénés criminels.

SECTION I
L'action civile devant le Jury d'Assises.

Nous allons d'abord étudier la solution donnée, en Cour d'Assises, à l'action civile.

Il a fallu les travaux de philosophes comme Bentham et Herbert Spencer, de criminalistes comme Garofalo et Alimena pour nous ouvrir les yeux sur l'importance considérable des intérêts de la partie lésée dans un procès pénal, en général.

Punir le délinquant, sauvegarder l'intérêt social, ce n'est là qu'une partie du rôle de la justice criminelle. Son but doit être plus vaste. A côté de l'intérêt de la morale et de la société, il y a celui de la victime et si c'est principalement le premier qui a attiré l'attention des criminalistes, ce serait une grande injustice que d'ignorer volontairement le second.

A l'origine du droit pénal, lorsque la première manifestation de l'État a pour but, non de réprimer, mais de réglementer la vengeance privée, la *composition* apparaît comme la première notion de l'indemnité due à la partie lésée.

Sans doute, cette idée ne se présente pas encore aussi claire, aussi simple que nous la concevons aujourd'hui. La composition c'est quelque chose de complexe : c'est l'indemnité augmentée du rachat de la vengeance, du rachat du talion et c'est pourquoi nous voyons toutes les formes de composition *(wehrgeld, fredus, dilatura, chrenecreda)* hors de toute proportion avec le préjudice causé. Mais, quoiqu'il en soit, l'idée de dommages-intérêts s'y découvre déjà.

Plus tard et à mesure que la peine acquiert les caractères qui lui sont propres, l'idée de réparation se distingue de l'amende et, dès ce moment, s'obscurcit. C'est vers le xiiie siècle qu'apparaît ce phénomène et on peut dire avec raison : « Du jour où les intérêts de la partie civile changeant de nature, ont cessé d'être appelés amende pour prendre le nom de réparation civile, ce jour-là un certain déclin a commencé pour eux (1) ».

Et alors, on oublie les intérêts de la partie lésée qui cède définitivement le pas à l'action pénale et on en arrive au singulier état que M. Prins a défini ainsi au Ve Congrès Pénitentiaire de Paris (1895) : « Le coupable logé, nourri, vêtu, chauffé, éclairé, entretenu aux frais de l'Etat dans une cellule modèle, en sort avec un petit pécule légitimement gagné ; il a payé sa dette à la société, il peut narguer sa victime. Celle-ci a une consolation, c'est de penser que, par les impôts qu'elle verse au Trésor, elle a contribué aux soins paternels dont le délinquant

---

(1) R. Demogue, *De la Réparation civile des délits.*

a été entouré pendant sa détention. Ce serait même une hypothèse à coup sûr choquante pour le bon sens et le sentiment d'équité des masses, mais nullement irréalisable, que celle d'un récidiviste quittant la prison avec un pécule réglementaire qu'il va dissiper pour reprendre sa vie criminelle, tandis que le volé tendrait la main ».

Et enfin, on s'aperçoit qu'une peine ce n'est pas assez pour satisfaire l'intérêt social dans le sens le plus large et le plus élevé du mot. Et on cherche à remédier à l'état de choses actuel, à autoriser la partie civile à jouer dans le procès pénal le rôle important auquel elle a droit. Parmi les nombreux systèmes proposés, le plus curieux est celui qui revient, (dans ses résultats, du moins), aux idées primitives qui tendent à confondre l'amende avec la réparation civile (1). Les législations allemande, italienne, russe se sont rangées à ce système (pour quelques délits, il est vrai, trop peu nombreux). Le dernier congrès pénitentiaire, où la question a été étudiée longuement, a émis le vœu suivant : « La législation

(1) Dans l'impossibilité où nous sommes d'exposer ce système dont l'analyse nous obligerait à sortir de notre sujet, nous ne pouvons que citer les différents ouvrages où M. Garofalo a exposé sa théorie : La Criminalogie, *Ripparazione alle vittime del dellito*, Actes du Congrès Pénitentiaire International de Rome de 1885 (tome I), Actes du V⁰ Congrès Pénitentiaire de Paris de 1895 (tome I). — M. Tarde et M. Gautier se sont rangés à cette théorie que M. Garofalo appuie sur un système de sentences indéterminées tout spécial et d'après lequel, le paiement de l'amende (réparation civile) marquerait le jour de la libération. — Sans qu'il y ait lieu de discuter ce système, nous devons remarquer que M. Garofalo ne le propose (et il serait bien difficile qu'il en soit autrement) que pour de légers délits correctionnels.

Dans le même ordre d'idées, citons le Code allemand (art. 188 et 189) qui, dans quelques cas (le plus intéressant est celui du duel), prononce une amende (*Busse*) au profit de la victime du délit.

pénale devra tenir compte, plus qu'elle ne l'a fait jusqu'à ce jour, de la nécessité d'assurer la réparation due à la partie lésée. » (1).

Peut-être, les systèmes proposés n'ont-ils pas toujours paru très pratiques, mais n'est-il pas vrai que c'est là le début d'une réaction contre l'insuffisance de la protection accordée aux victimes des délits.

Si telle est l'importance des intérêts de la partie lésée dans un procès pénal, en général, on ne saurait contester que ce soit surtout dans un procès criminel qu'elle se manifeste. Ici, il ne s'agit plus d'une incapacité de travail de quelques jours, il s'agit de la mort d'un homme dont le trépas prématuré plonge toute une famille dans la misère. Ce n'est plus une filouterie d'aliments, c'est l'escroquerie gigantesque de quelque financier véreux ou le crime du caissier qui prend la fuite emportant quelques centaines de mille francs, qui lui étaient confiées.

Ici se place une objection qu'on ne manque pas de faire et qui se base sur l'insolvabilité de l'accusé. Nous ne méconnaissons pas la valeur de cet argument. Mais, nous croyons que c'est une erreur singulière d'en faire un principe général. Il n'est pas rare de voir s'asseoir sur les bancs de la Cour d'Assises des hommes dont les biens, parfois considérables, seraient suffisants pour indemniser, tout au moins en grande partie, la victime de leur délit.

Cette importance du procès civil mêlé au procès criminel est si évidente que le jury ne la méconnaît jamais dans la pratique. Presque toujours la réparation du préjudice

(1) Ve Congrès Pénitentiaire International. Paris 1895. 1re Section (Législation pénale ; 4° question, Résolution I.

causé vaudra à un accusé l'admission des circonstances atténuantes. Tout le monde sait l'indulgence extrême que marque le jury pour les crimes dont la répression est basée sur l'idée de vol et qui se trouvent n'avoir causé aucun préjudice (1).

Si telle est l'importance indubitable, en Cour d'Assises, des droits de la partie civile, il y a lieu de se demander s'ils sont convenablement sauvegardés par le système actuel et si certaines réformes ne seraient pas utiles ou plutôt nécessaires.

Or, cette question de dommages-intérêts réclamés au cours d'un procès criminel, reçoit la plupart du temps, dans la pratique une solution loin d'être satisfaisante.

C'est la conséquence inévitable du droit que s'arroge le jury (et comment le lui refuser raisonnablement?) de statuer sur la peine et de faire connaître son opinion sur la loi.

La solennelle mais singulière séparation établie par la loi entre les deux classes de juges : magistrats et jurés, empêche ceux-là de connaître les raisons qui ont déterminé ceux-ci à rendre tel ou tel verdict, et principalement un verdict négatif.

C'est surtout depuis la synthèse des questions que des difficultés souvent insolubles, se sont élevées qui constituent fréquemment une injustice et en tous cas, un danger.

La famille de la victime se porte partie civile et réclame une certaine somme à titre de dommages-intérêts. Le procès pénal, déjà si compliqué, va le devenir plus encore par l'adjonction de ce procès civil. Les dommages-intérêts, c'est le droit. Le crime qui leur sert de base, c'est le fait.

(1) Le faux, par exemple, dans de nombreux cas.

Bien que les premiers dépendent essentiellement de la
solution donnée au second, ils sont rangés dans les attributions de la Cour sans qu'il soit permis au jury de
donner, *même son avis*, sur un point si étroitement lié à
la question de preuve.

Si le jury répond négativement à la question de fait, il
n'en résulte pas nécessairement que l'accusé soit innocent (1). Et voici ce qu'il devient fort difficile de connaître :
En rendant un verdict négatif, les jurés ont-ils été
déterminés par l'innocence de l'accusé ou l'insuffisance des
preuves, (ce qui, au fond, revient au même); ou bien
ont-ils voulu dire que la peine était en disproportion avec
le crime ou que l'accusé méritait le bénéfice du pardon?

Théoriquement, personne ne peut le savoir, les verdicts
du jury n'étant pas motivés; pratiquement, il en est parfois
autrement. C'est lorsque l'accusé fait des aveux complets. Il
reconnaît la matérialité des faits et se contente de réclamer l'indulgence de ses juges. Dans ce cas, la Cour, après
l'ordonnance d'acquittement rendue par le président et
malgré le verdict négatif du jury, rend un arrêt aux
termes duquel « attendu qu'il résulte des débats que les
faits sont constants », l'accusé acquitté est condamné à la
réparation du préjudice qu'il a causé à sa victime.

(1) Bien qu'on ait longtemps discuté sur la question de savoir s'il fallait
accorder au verdict son « maximum » ou son « minimum » de portée,
l'art. 358 du Code d'Instruction criminelle est si formel que la doctrine et
la jurisprudence sont maintenant d'accord pour admettre que le verdict
négatif ne signifie pas nécessairement l' « innocence » de l'accusé.

Dans la pratique, cette théorie donne lieu aux réclamations les plus vives
et — malheureusement — aux difficultés les plus insolubles.

Cs. à ce sujet un article inspiré à M. Beudant par un procès dont la
solution fut un véritable scandale (affaire Roux c. Armand, Cour d'Assises
des Bouches-du-Rhône, 25 mars 1864. — Cass. crim., 7 mai 1864).

Beudant. *Influence du criminel sur le civil, Revue critique*, t. XXIV.

Mais, pour quelques affaires qui ne semblent laisser place à aucun doute, il y en a beaucoup d'autres où il est fort difficile de savoir si, en acquittant l'accusé, le jury n'a pas entendu consacrer son innocence. Il est certain que, malgré toutes les preuves qu'on a pu accumuler contre lui, la seule dénégation d'un accusé suffit (si elle est persistante) à créer un doute ; d'autre part, (on en a eu malheureusement, des exemples), il est certain que l'aveu d'un accusé n'est pas toujours véridique.

Dans ces conditions, la Cour est obligée de s'en remettre au hasard. Ne pouvant savoir ce que signifie le verdict négatif, elle **lui** donnera tantôt telle explication, tantôt telle autre. Il arrivera quelquefois, qu'en prononçant une condamnation civile contre un acquitté, elle sera en contradiction avec le sentiment du jury et reconnaîtra implicitement, par son arrêt, une culpabilité écartée par les juges du fait.

Une semblable situation n'est pas seulement illogique, elle est dangereuse et, à notre avis, elle suffirait à condamner le système actuel. Y a-t-il un remède ? Nous ne le croyons pas. On a pensé à poser une question spéciale au jury toutes les fois qu'il y aurait constitution de partie civile. Or, le système des questions est justement, à notre avis, l'un des points faibles de l'organisation actuelle de la Cour d'Assises. Et puis, qui ne voit que ce serait là une complication de plus. Le jury n'a que trop de peine déjà à se reconnaître au milieu du dédale des questions qui lui sont soumises, et il faudrait en ajouter de nouvelles ! Dernièrement, dans le procès d'un officier ministériel, 400 questions furent posées au jury. S'il avait fallu interroger les jurés sur les dommages-intérêts, on aurait dû poser environ 200 questions de plus. N'est-il pas vrai qu'exposer le système c'est le condamner.

Au contraire, en permettant au jury de concourir avec la Cour à l'application de la peine, il est facile de voir qu'on en arriverait à une solution simple et logique et qui, surtout, aurait le grand avantage d'être pratique.

Deux systèmes peuvent être proposés :

a) Le premier consiste à réserver à la Cour l'allocation des dommages-intérêts. Le verdict du jury prononcé dans les conditions que nous proposions ne prêterait plus à aucun doute. Plus de contradictions, donc plus d'injustices. S'il y a acquittement pour insuffisance de preuves ou si les débats ont démontré l'innocence de l'accusé, il ne saurait être question d'indemnité à accorder à la partie civile. Au contraire, si l'acquittement n'est qu'une mesure de pitié, de clémence, la culpabilité ne faisant aucun doute pour le jury, des dommages-intérêts pourront être accordés, proportionnés au préjudice causé.

Dans tous les cas, c'est au moment de la délibération commune sur l'application de la peine que la Cour sera éclairée sur les motifs qui ont dicté au jury son verdict.

En laissant à la Cour la fixation de l'indemnité, on évite au jury de se laisser entraîner à accorder à la victime une indemnité disproportionnée.

C'est, comme nous l'avons vu, le système adopté par la loi génevoise du 1ᵉʳ octobre 1890; c'est aussi celui qui aurait nos préférences.

b) Le second système laisse au jury le droit de fixer, lui-même, les dommages-intérêts. C'est une théorie qui pousse jusqu'à ses dernières conséquences le principe de la complète participation du jury à l'application de la peine. Elle a surtout été acceptée par les partisans de l'Echevinage : les assesseurs, guidés par le président, fixant la réparation civile, comme ils fixent la peine.

Quoiqu'il en soit et que l'on adopte l'une ou l'autre de ces opinions, cette extension des pouvoirs du jury va avoir pour résultat de faciliter l'allocation d'une réparation civile à la victime d'un crime.

Nous avons vu qu'on avait proposé de faire des dommages-intérêts une peine (amende). Nous avons dit que cette théorie fort ingénieuse ne peut servir que pour les délits punis de peines très minimes. Mais, d'autres propositions moins originales, et peut-être plus pratiques, seraient parfaitement applicables en matière criminelle. Les exposer serait sortir du cadre de cette étude, mais nous tenons à faire remarquer qu'une fixation d'office, par le juge, des dommages-intérêts (1), qu'un système de facilités nouvelles accordées à la constitution de partie civile en Cour d'Assises, seraient singulièrement facilités par une participation aussi complète que possible du jury dans la fixation des conséquences pénales de son verdict.

Dans un procès pénal, l'action civile peut être intentée soit par la victime du délit (c'est le cas que nous venons d'étudier), soit par l'accusé contre la partie civile ou les dénonciateurs. Ce cas est beaucoup plus rare, mais son intérêt pratique n'en est pas moins considérable. Ici encore, nous nous heurtons aux mêmes difficultés que plus haut, avec le système actuel de la Cour d'Assises et ici encore, c'est la même réforme que nous demandons pour faire cesser l'incertitude qui règne sur le sens des verdicts du jury.

(1) Ce système, qui compte de nombreux partisans, est une vieille idée proposée pour la première fois, croyons-nous, par Imbert dans sa *Practique judiciaire tant civile que criminelle (1665)*.

SECTION II

Du rôle du Jury en présence d'un aliéné criminel et d'un délinquant à responsabilité partielle.

Le problème des aliénés criminels est, lui aussi, une de ces questions trop longtemps négligées et dont on ne s'occupe qu'en présence des déplorables résultats qui en résultent, conséquences des lacunes de la législation.

La loi du 30 juin 1838 a volontairement ignoré les aliénés criminels. Malheureux fous qu'on ne saurait rendre responsables des crimes qu'ils commettent et dont on néglige de débarrasser la société, les criminels atteints d'aliénation mentale sont devenus un terrible danger social. L'un d'eux, trop connu pour qu'il soit nécessaire de préciser, dont les crimes, récemment, défrayèrent la chronique et épouvantèrent l'opinion, en fut une effroyable preuve. Actuellement, un criminel acquitté par le jury comme irresponsable, sera souvent remis en liberté à sa sortie du prétoire de la Cour d'Assises. Sinon, et au cas où la Cour le trouve dangereux, il est signalé par le parquet à l'autorité administrative qui, désormais seule responsable, prend telle mesure qui lui convient. Ignorant totalement les antécédents de l'individu qui lui est renvoyé ; ne sachant jamais à la suite de quels faits, de quels crimes il a été traduit en justice, l'administration se trouve, le plus souvent, en présence d'un homme qui lui semble en possession de la plénitude de sa raison, alors que la période d'excitation concomitante au crime a pris fin. La plupart du temps, le préfet ne peut ordonner l'internement, les experts commis par lui étant d'accord pour conclure à la responsabilité complète. La consé-quence fatale d'un pareil système, c'est de remettre en

liberté, de « lâcher dans la société » de véritables bêtes
féroces qui, dans six mois, dans deux mois, dans quelques
semaines, commettront de nouveaux forfaits, seront l'objet
d'une même mesure de clémence et éviteront, à la fois,
la prison et l'hôpital. « Il n'y a pas dans la loi française,
disait le Dr Motet, un seul article qui oblige le directeur
d'un asile à retenir un incendiaire quels que soient le
nombre et la gravité de ses méfaits si, dans ce milieu
nouveau où toute cause d'excitation est absente, il ne se
produit pas de faits qui démontrent la nécessité de le
maintenir (1) ».

Devant les terribles avertissements de l'expérience, on
cherche enfin le moyen de mettre sérieusement hors
d'état de nuire ceux pour qui leur irresponsabilité constitue une sauvegarde. La solution la meilleure, semble
bien être dans la création d'asiles spéciaux pour les
aliénés criminels et surtout dans la substitution de l'autorité judiciaire à l'autorité administrative. Il faut que le juge
qui a rendu une sentence d'acquittement, l'explique et la
complète, en prononçant l'internement de l'aliéné. C'est au
nom de la justice qu'il a prononcé l'absolution, c'est au nom
de l'intérêt social qu'il fera enfermer celui qu'il vient d'acquitter. De bien nombreuses objections ont été élevées
contre ce système, mais on a fini par s'apercevoir de l'insuffisance de la méthode contraire et force a été aux plus
irréductibles partisans des pouvoirs de l'administration de
se rallier à notre théorie. A des individus dont la situation est aussi exceptionnelle que celle des aliénés criminels,
il faut des mesures exceptionnelles.

Mais si on est généralement d'accord sur le principe, on
ne laisse pas que de différer totalement quand il s'agit de

(1) Dr Motet. *Les Aliénés criminels.*

son application. C'est que, ici encore, le système actuel de la séparation absolue des magistrats et des jurés est la source d'une foule de difficultés et de complications.

Il est vrai qu'on a prétendu que la question de démence ne se poserait jamais en Cour d'Assises et que l'instruction (surtout l'instruction contradictoire) offrait toute garantie sur ce point. Le défenseur, s'il a des doutes sur la responsabilité de son client, ne manquera pas de les soumettre au juge d'instruction. D'où : nomination d'experts, ordonnance du juge. Cette objection est séduisante, mais elle n'est pas fondée. D'une part, il se peut que la démence se manifeste au cours du procès. L'hypothèse, n'est pas fréquente ; elle s'est présentée néanmoins, et, la dernière fois, dans de dramatiques circonstances où un malheureux faillit payer de sa tête la dénonciation calomnieuse d'un fou, son co-accusé (1).

Néanmoins, ce cas est fort rare ; ne nous y arrêtons pas. Mais, d'autre part, il arrivera souvent que, malgré la meilleure instruction, la question de démence se posera en Cour d'Assises, tenant tout le procès pénal en suspens. Les experts commis par le juge d'instruction peuvent fort bien, en effet, avoir conclu à la responsabilité (2). Cela empêchera-t-il l'accusé de plaider qu'au moment du crime il était fou ? Des contre-experts viendront déposer à l'audience dans un sens différent de celui de l'expert judiciaire, et la question restera toujours pendante. Ou bien, le juge, estimant que l'expert commis par lui s'est trompé, passera outre, rendra une ordonnance de renvoi : l'avocat ne pourra-t-il pas plaider l'irresponsabilité de

(1) *Affaire du pont Mirabeau*, Cour d'Assises de la Seine, 1896.
(2) Ou à la responsabilité atténuée, ce qui arrive très fréquemment.

sou client, que viendra, du reste, affirmer à la barre, de la façon la plus formelle, le médecin dont les conclusions auront été repoussées ?

Ainsi, la question se posera, et se posera même souvent, de savoir quelle est l'autorité qui statuera en Cour d'Assises :

1° Sur la question de démence.

2° Sur la question d'internement.

1° La question de démence. — Un grand nombre de criminalistes et d'hommes politiques, adoptant en cela la théorie du projet de loi présenté sur la matière, estiment que c'est à la Cour, à l'élément professionnel que revient, de droit, la question de savoir si tel accusé est un aliéné criminel. Cette thèse a rencontré de très ardents et très autorisés défenseurs à la Société Générale des Prisons, lors de la discussion de cette matière. (1). On a fait valoir l'incompétence du jury, obligé de statuer en quelques minutes sur l'état de folie d'un homme, ce qui demande des mois d'observation au plus habile aliéniste. On a représenté les jurés envoyant dans une maison de santé l'accusé auquel ils s'intéresseraient, faisant ainsi de la démence une nouvelle circonstance atténuante. Et on est arrivé à cette conclusion qu'aux seuls magistrats appartenait le droit de prononcer l'internement d'un aliéné. On a été plus loin encore et on n'a pas craint de soutenir que même avant le verdict du jury sur le fait, la Cour pourrait arrêter les débats en proclamant l'insanité d'esprit de l'accusé.

Un pareil système est, à notre avis, inadmissible, d'abord

(1) *Bulletin de la Société Générale des Prisons.* — Mai, Juin, Juillet-Août, Décembre 1897.

parce qu'il pêche par sa base et parce qu'ensuite il ne tendrait
à rien moins qu'au renversement des garanties accordées
par la loi à tout accusé.

On soutient, en premier lieu, qu'un magistrat sera beaucoup plus capable qu'un juré d'apprécier l'état mental d'un
accusé. C'est une affirmation gratuite et qui reste à démontrer. Il faut observer que si le jury ne voit l'accusé que
pendant quelques instants, il en est absolument de même
de la Cour. De sorte que si l'on exige que le juge de la
démence ait étudié le caractère du délinquant pendant un
certain temps, même pendant quelques jours, il faut
reconnaître que ce n'est pas non plus la magistrature qui
pourra se prononcer en connaissance de cause : ce ne
pourrait être que l'administration et nous savons à quels
résultats on aboutit en partant de ce point de vue.

D'autre part, il faut aussi remarquer que « le jury est
appelé à statuer sur la culpabilité et qu'il a pour la résoudre, un pouvoir absolu, même lorsque son verdict a pour
conséquence d'amener une exécution capitale. Or,
lorsqu'on demande à un jury : Nous voudrions savoir
pourquoi vous avez déclaré que tel individu n'est pas coupable —, on lui pose une question moins grave et moins
troublante que quand on lui demande : Cet individu est-
il coupable d'avoir commis un assassinat —, parce que en
supposant que la réponse du jury, sur le premier point,
puisse amener l'internement de l'accusé dans un asile
d'aliénés, alors qu'il ne serait pas fou, il y aurait là un
fait moins grave et surtout moins irréparable qu'une exécution capitale » (1).

Quant à la crainte que le jury ne se laisse entraîner à
rendre sur toutes les affaires un verdict de démence, elle

____
(1) M. Bouchacourt (dans la discussion).

nous semble un peu chimérique. Personne ne demande au jury compte de ses décisions. Le jury peut toujours répondre : Non, lorsque cela lui plaît. Il est bien évident que si l'accusé lui semble intéressant, il rendra un verdict négatif pur et simple, et que s'il ne lui semble pas intéressant, le verdict (sauf quelques cas fort rares) sera affirmatif. En un mot, il est permis de croire que les jurés ne feront jamais de la démence, une circonstance atténuante.

Mais, il y a quelque chose de plus grave que tout cela : c'est que, laisser à la Cour la solution de la question d'insanité d'esprit, c'est, ou bien renverser les rôles et refuser au jury le droit de statuer sur le fait, ou bien risquer de tomber dans de criantes injustices, si la Cour statue sur la démence *avant* ou *après* le verdict du jury.

α) « Pour enfermer comme aliéné criminel un homme quelconque, il faut savoir d'abord si cet homme a matériellement commis un acte qui serait criminel de la part d'un agent conscient de ses actes. Dans l'état actuel de notre législation criminelle, on ne peut s'adresser qu'au jury pour être fixé sur ce point (1) ». Et M. Le Poittevin, soutenant cette manière de voir (qui est, en somme, la seule logique), disait : « L'accusé serait en droit de protester et de répondre : la Société m'a conduit devant la Cour d'Assises, en m'accusant d'un crime, eh bien ! jugeons ce crime. Vous dites que je suis un aliéné dangereux, c'est possible ; mais pour le moment, je pense et je parle raisonnablement, je suis en état de me défendre contre l'accusation et il faut savoir si j'ai commis le crime qui m'est imputé. Mon avocat peut alléguer que si je l'ai commis c'était un acte d'aliénation criminelle. Peut-être, M. le Procureur Général accepterait-il ce moyen de défense,

(1) M. Bouchacourt (id.).

mais il y a d'autres questions. Je soutiens que le fait n'existe pas, qu'il n'y a pas eu de crime, du tout, que le prétendu crime n'est qu'un accident ou un suicide ; je soutiens et je crois pouvoir démontrer que je ne suis l'auteur d'aucun fait punissable, ou que j'étais en état de légitime défense ou que j'ai tiré par imprudence en maniant maladroitement une arme. Discutons tout cela ; après quoi, si le jury a décidé que le crime existe, que j'en suis l'auteur, on appliquera la mesure sociale qui convient : sanction pénale ou placement dans un établissement d'aliénés. Mais il faut que je puisse me défendre à tous les points de vue : sur la matérialité, aussi bien que sur la culpabilité de l'acte pour lequel je suis poursuivi ».

6) Si, au contraire, on autorise la Cour à statuer *après* le verdict du jury et *sans prendre son avis,* on tombe dans un autre inconvénient non moins grave.

Le jury en répondant négativement a-t-il voulu dire que le fait n'existait pas, que l'accusé n'en était pas l'auteur, qu'il était aliéné au moment du crime ? Comment la Cour le saura-t-elle ? de quel droit interprétera-t-elle un verdict susceptible de tant d'interprétations ? Remarquons que la question est ici bien autrement délicate qu'en matière d'action civile. Dans ce dernier cas, il peut arriver, comme nous l'avons vu précédemment, que la Cour soit fixée (ou se croit fixée) sur la culpabilité. Nous prétendons qu'ici la Cour ne saura jamais ce qu'elle doit faire. Ou bien, elle ne prononcera jamais l'internement pour cause de démence, ou bien elle le prononcera au hasard et risquera d'envoyer dans un hopital un homme « dont le seul tort aura été d'être injustement soupçonné ». Les deux solutions sont également déplorables.

Disons donc que c'est le jury, et le **jury seul,** qui

donnera son avis sur l'internement et fera connaître si l'acquittement a été motivé par la démence ou par l'innocence de l'accusé. Juge du fait, il lui appartient de statuer sur toute la question de culpabilité, sur les causes qui modifient, atténuent ou suppriment la responsabilité. (1)

. Mais, comment le jury fera-t-il connaître son avis ? C'est là une question extrêmement délicate. Nous estimons, en effet, et nous allons essayer de le démontrer, qu'avec l'état actuel de notre procédure d'Assises, il est absolument impossible de résoudre ce point. Ce sera une preuve nouvelle à ajouter à tant d'autres, qu'une collaboration plus complète et plus franche de l'élément professionnel et de l'élément populaire est absolument indispensable pour le bon fonctionnement des organes délicats de notre procédure criminelle.

Tous les criminalistes qui ont reconnu au jury le droit de statuer sur la démence, se sont arrêtés à la même solution : Chaque fois que la démence aura été plaidée en Cour d'Assises, le président sera tenu de poser une question spéciale au jury. De même que c'est par questions que les jurés sont interrogés sur la culpabilité, sur les excuses, de même c'est la réponse à la question spéciale qui fera connaître *le motif pour lequel le verdict négatif a été rendu.*

---

(1) Ce système n'a pas été admis par le projet de loi adopté par le Sénat et proposé à la Chambre, en décembre 1896. C'est à la Cour qu'il confie le soin de décider si un individu est un aliéné criminel (art. 37), comme si avant de savoir si tel individu est aliéné, il n'y avait pas lieu de se demander, tout d'abord, s'il e t criminel.

Les Etats-Unis, l'Italie, l'Autriche, l'Espagne se sont, au contraire, rangés à la solution que nous soutenons. Dans la Grande-Bretagne tout entière (*Act* du 28 jui let 1800), le jury peut rendre un verdict *guilty but insane* (coupable, mais aliéné) qui a pour effet d'envoyer l'accusé dans une maison de santé, jusqu'à ce qu'il en soit autrement ordonné par l'administration.

C'est, du reste, le système suivi par les législations étrangères qui ont adopté le questionnaire.

Mais, si simple et si pratique que paraisse ce système, il est inadmissible en présence de l'organisation actuelle de la Cour d'Assises et de la stricte délimitation des pouvoirs du jury. M. Tarde a présenté, à ce sujet, des observations d'une très grande force et que nous allons reproduire. D'après lui, et nous nous rallions complètement à sa manière de voir, la question spéciale posée au jury est une illégalité, parce qu'elle le force à *motiver son verdict.*

« Si vous dites que c'est au jury que la question d'irresponsabilité, pour cause d'état mental insuffisant, sera posée, permettez-moi de vous faire observer que ce cas n'est pas assimilable à celui où on lui pose la question des circonstances atténuantes. La question des circonstances atténuantes n'est point une explication demandée au jury relativement aux motifs de son verdict de condamnation ; elle est la limitation des conséquences de ce verdict. Le jury n'est pas appelé, lorsqu'on lui pose après coup la question des circonstances atténuantes à motiver lui-même après coup son verdict ; il est simplement appelé à ouvrir une porte qui permettra à la Cour d'étendre les limites de son indulgence. Mais, lorsqu'on parle de poser au jury la question d'aliénation mentale, on oblige le jury à motiver après coup son verdict de non-culpabilité. »

« C'est une exception qu'on crée à la règle qui veut que le jury ne motive pas son verdict. Et ici, encore une fois, où s'arrêterait-on ? Je ne vois pas pourquoi, lorsqu'il s'agit de crimes passionnels, que le jury traite avec une indulgence particulière, on ne lui poserait pas aussi une question semblable. Je ne vois pas, non plus, pourquoi cette exception serait faite dans ce cas et non dans d'autres. Dans d'autres cas aussi, il serait intéressant de savoir quels sont les motifs pour lesquels le jury a rendu un tel verdict et je ne vois pas de motifs pour expliquer cette anomalie qui consiste à exiger, dans l'intérêt même de la justice qu'une décision quasi-judiciaire soit rendue sans motifs. Le jury anglais ne s'astreint pas à cette règle. »

« Quoiqu'il en soit, elle existe ; c'est un principe de notre législation : nous ne pouvons en sortir. Nous ne pouvons dans le vœu que nous allons formuler et qui doit être avant tout légal, demander quelque chose qui répugne à ce point à l'esprit même de nos lois. Poser la question de l'aliénation mentale au jury, c'est, je le déclare, sortir absolument et de l'esprit et de la lettre de notre législation (1) ».

Nous avons dit que cette objection nous semblait avoir une portée considérable. Il est certain que l'organisation du jury, même telle qu'elle a été modifiée depuis 1832, ne permet pas aux jurés de motiver leur verdict et, par conséquent, nous croyons impossible d'admettre une question spéciale les interrogeant sur la démence, c'est-à-dire sur *le motif de l'acquittement.*

Si, on admet le jury à statuer sur la démence (et nous répétons que lui refuser ce droit, c'est ouvrir la voie à l'arbitraire le plus complet), une réforme de la procédure d'Assises s'impose absolument. Ou bien, il faudra autoriser les jurés à motiver leurs décisions non seulement dans ce cas particulier mais dans toute affaire, ou bien il faudra reconnaître au jury le droit de fixer la Cour sur le sens de son verdict par une délibération en commun. Le questionnaire serait supprimé. La délibération de la Cour

(1) M. Tarde. (Séance de la Société générale des Prisons du 19 mai 1897).

et du jury en Chambre du Conseil remplacerait les questions que celle-là pose à celui-ci. De même qu'il émettrait son avis sur la peine (comme nous l'avons proposé plus haut), de même, en cas d'acquittement, les jurés expliqueraient que tel accusé leur semble en état de démence. Nous ne disons pas qu'ils statueraient sur l'internement : c'est là une question un peu différente et que nous allons examiner. Mais, leurs explications étant enfin parfaitement claires, la Cour ne pourrait commettre aucune erreur d'interprétation et il lui serait possible de prononcer un arrêt fortement motivé dont les résultats seraient excellents.

2° *La question d'internement*. — Reste à savoir, maintenant, quelle autorité prononcerait l'internement et enverrait le criminel, acquitté à raison de son état mental, dans un asile spécial.

Trois systèmes peuvent être soutenus :

1° C'est au jury que sera laissé ce soin, puisque c'est lui qui statue sur la peine.

2° C'est le tribunal civil qui prononcera l'internement, en raison des effets civils que produit celui-ci.

3° Les jurés renverront le criminel devant un jury spécial.

En réalité, les deux dernières solutions se confondent : Elles consistent dans le renvoi de l'aliéné devant une juridiction qui statuera souverainement et sans que le jury d'Assises ait le moindre contrôle sur sa décision.

A notre avis, la question ne présente pas un grand intérêt. Peu importe, croyons-nous, le rôle que jouera le jury dans cette seconde question, étant donné que c'est lui qui se sera prononcé sur la première. Nous inclinerions volontiers vers la solution qui consiste à renvoyer la question devant le tribunal civil dont la compétence, en ces matières, nous semble indiscutable.

Le jury spécial serait un jury d'experts, une réunion de médecins aliénistes devant lesquels comparaîtrait un malade et qui statueraient sur le traitement qu'on doit lui imposer. Le jury spécial découle d'une idée chère à l'Ecole italienne et qu'elle a eu grand tort, croyons-nous, de généraliser et de prendre comme criterium de la répression : le crime-maladie. Nous croyons que l'institution d'un pareil jury serait la continuation des errements de l'époque actuelle. Le criminel ne comparaîtrait devant ce jury que longtemps après son crime. Son état se serait modifié. Les médecins ne comprendraient pas et surtout n'admettraient pas volontiers les raisons qui ont déterminé le jury d'Assises. Pour nous, le jury spécial, ce serait le le médecin de l'administration décoré d'un autre nom et ce nom serait un mensonge car une commission médicale n'est pas un jury.

Pour nous résumer : Quelle sera l'autorité qui statuera sur l'internement de l'aliéné, sur l'époque de sa guérison ? Peu nous importe. — Ce qu'il faut admettre, au plus tôt, c'est :

D'une part, la substitution de l'autorité judiciaire (c'est à dire, du jury) à l'autorité administrative :

D'autre part, le moyen d'autoriser le jury à faire connaître son opinion sur la démence de l'accusé en l'autorisant à *délibérer avec la Cour sur les conséquences de son verdict.*

A notre avis, seule la réforme de la procédure d'Assises que nous avons proposée, conduirait à une solution satisfaisante parce que, seule, elle serait logique.

A côté du problème des aliénés criminels, il convient d'étudier une question qui s'en rapproche à ce point qu'il est difficile de l'en séparer.

Entre les criminels normaux et les criminels aliénés, se trouve tout un groupe de délinquants qui, pour ne rentrer ni dans la première ni dans la seconde catégorie, n'en sont ni moins nombreux, ni moins dangereux : ce sont les délinquants à responsabilité atténuée ou partielle : « La science moderne, dit M. Sumien, a été amenée à reconnaître une sorte de terrain intermédiaire entre la santé complète de l'esprit, la pleine possession de soi-même, d'une part, et la folie d'autre part, sur lequel se meut toute une catégorie de délinquants dont la responsabilité n'est plus complète, sans être cependant éteinte complètement (1) ».

La situation de ces demi-responsables dont l'existence est, depuis longtemps, admise, n'est pas sans présenter de graves difficultés. De nos jours, lorsqu'un rapport médical conclut à la responsabilité atténuée d'un criminel (et tout le monde sait si cela se présente fréquemment !) le délinquant est déféré à la Cour d'Assises, et, devant le jury, c'est un débat fort vif entre l'avocat général, le défenseur et le médecin légiste sur le point de savoir quel était exactement le degré d'irresponsabilité de l'agent, au moment du crime. Lorsqu'enfin cette question est résolue (ou paraît l'être), le jury n'a qu'un moyen de tenir compte de la situation exceptionnelle — et certainement digne d'intérêt — du délinquant qu'on lui amène : c'est de lui accorder les circonstances atténuantes, de sorte que le verdict du jury entraîne pour l'accusé, une diminution de peine, ce qui a pour résultat de remettre en liberté,

____

(1) Sumien — *Essai sur la théorie de la responsabilité atténuée de certains criminels·*

après quelques mois de prison, un homme qui est presque
un aliéné et qui va, peut-être, commettre de nouveaux
crimes. Mais, avec notre organisation actuelle de la procédure d'Assises, il ne saurait en être autrement.

Aussi, a-t-on proposé de faire de la responsabilité partielle une cause d'excuse légale donnant lieu à une question spéciale au jury. En cas de réponse affirmative de celui-
ci, la Cour renverrait pour un temps déterminé, ou non,
le condamné, dans un établissement mixte tenant de
l'asile d'aliénés et du pénitencier où le délinquant serait
soigné par des médecins aliénistes, — sauf à le renvoyer
dans une prison véritable, sa guérison une fois obtenue,
purger le restant de sa peine.

Le système est ingénieux, mais il se heurte à de fortes
objections. MM. Saleilles et Alimena, qui combattent
l'excuse légale, en ont montré les dangers. Nous n'avons
pas l'intention d'exposer ici leurs savantes explications.
Mais nous estimons que le système des circonstances atténuantes nous paraît le seul possible parce que, seul, il
est vraiment un procédé d'individualisation ; seul, il peut
permettre d'apprécier s'il y a, ou non, corrélation entre
un état morbide — indubitable — et le fait commis. Et
alors, il est bien évident qu'une entente absolument complète entre la Cour et le jury devient nécessaire et que
cette entente, cette *explication du verdict*, ne pourra avoir
lieu que par le moyen d'une commune délibération dans
la Chambre du Conseil.

Si, au contraire, on adopte le système de l'excuse légale,
nous prétendons qu'ici encore la nécessité de la participation du jury aux conséquences de son verdict se fait
impérieusement sentir. En effet, si l'on conservait la séparation actuelle entre la Cour et le jury, celui-ci ne pour-

rait jamais graduer la peine que dans une mesure relative.

Son rôle le plus important serait de changer la nature, le régime de la peine, de substituer l'hopital-prison à la maison centrale, mais serait-il le maître du *quantum* de cette nouvelle peine? Même en lui accordant la faculté d'ajouter à l'excuse légale, une déclaration de circonstances atténuantes, il se trouverait toujours dans la situation que lui a faite la loi de 1832 avec cette exception, toutefois, qu'il pourrait obliger la Cour à appliquer la peine spéciale.

C'est là une théorie pénale que nous allons bientôt étudier : les Peines Parallèles, mais, ici, la peine parallèle serait probablement indéterminée.

Peines alternatives, peines indéterminées, ce sont là, ainsi que nous le verrons, des procédés pour la réalisation desquels une union complète entre la Cour et le jury est absolument nécessaire.

CHAPITRE VI

LE JURY ET L'INDIVIDUALISATION DE LA PEINE

LES PEINES PARALLÈLES — LES SENTENCES INDÉTERMINÉES.

SECTION I.

L'Individualisation

§ 1

Nous avons étudié le jury tel qu'il fonctionne aujour-
d'hui, ses aptitudes, ses aspirations. Nous nous sommes
efforcé de démontrer tout l'illogisme dn principe de la
division des pouvoirs appliqué à la Cour d'Assises. Nous
avons demandé pour les juges populaires, le droit de venir
en concours avec les juges professionnels et les experts
dans le jugement du procès pénal. Mais, jusqu'ici nous
n'avons eu en vue que l'application du Code pénal tel
qu'il existe, c'est-à-dire d'une justice purement objective.
Il nous reste à voir de quelle façon fonctionnera le jury
dans la justice de demain, justice subjective, qui sans
ignorer complétement le délit, s'occupera surtout du
criminel.

Sans vouloir faire ici l'historique du droit de punir,
magistralement tracé par M. Saleilles, (1) nous devons
cependant dire un mot de cette évolution de la politique
criminelle qui, des esprits des théoriciens, va bientôt se
manifester dans les codes des législateurs.

On s'est, d'abord, préoccupé uniquement du crime en
ignorant le criminel, ou plutôt en faisant abstraction de
celui-ci, en le confondant avec sa faute. C'est l'histoire de

(1) Saleilles, *op. cit.*

B. — 12

toute la période qu'a dominée la théorie de l'expiation,
système qui peut être excellent comme principe religieux
ou moral, mais qui a donné de déplorables résultats dans
la législation positive. La morale et le droit sont deux
choses différentes : vouloir juger comme le ferait la justice divine, c'est s'exposer à juger mal. Et lorsqu'on s'est
aperçu, enfin, qu'il était impossible à la justice humaine
d'être infaillible, on a cherché un autre fondement au droit
de punir. Le *Contrat Social*, les livres de Beccaria et de
Bentham légitimaient autrement la peine et devant les
conséquences de l'expiation on s'est rejeté sur l'utilitarisme. C'était encore une doctrine extrême, opposée à la
précédente, mais conduisant absolument aux mêmes résultats ; en ne voyant dans le crime qu'un trouble social
qu'il faut réprimer sans tenir compte de l'agent qu'on suppose toujours identiquement libre et, par conséquent, toujours aussi responsable. Puis, peu à peu, on s'est aperçu
(et l'opinion publique représentée par le jury, a joué en
cette matière un rôle considérable), qu'il n'y « avait pas
de crimes, mais des criminels ». C'est le grand, mais, à
notre avis, le seul mérite de l'Ecole italienne d'avoir
écarté le fait pour attirer l'attention sur l'agent. Ce n'est
pas elle toutefois, et tout le monde est d'accord sur ce
point, qui a reconnu la première la nécessité de s'occuper
du *but* de la peine et par conséquent, de l'*individualiser*.
Non. Cette idée devait venir tout naturellement aux spiritualistes, aux théologiens et ce sont eux qui peuvent en
revendiquer la paternité. M. Saleilles cite une très curieuse
décision du concile d'Ancyre relative à la pénitence de
l'infanticide. Lorsque la coupable est une femme qui a
commis « le péché de chair », on ne tient compte que de

cette faute seule, le meurtre de l'enfant nouveau-né ne
semblant que l'accessoire du premier péché, c'est celui-ci
seul qui est puni. Ainsi, au vi^e siècle, les théologiens
faisaient déjà de l'individualisation, chose qui n'avait, du
reste, rien d'incompatible avec leurs doctrines ni leurs
philosophie. Mais cette théorie, ils ne cherchèrent pas,
dans la suite, à la faire pénétrer dans la loi positive.
L'Ecole italienne, au contraire, doctrine anthropologique
et matérialiste, s'imposa aux esprits peut-être par son
exagération même. Si les livres du Dr Lombroso éton-
nèrent plus qu'ils ne convainquirent, il n'en est pas
moins vrai qu'ils avaient ouvert la brèche dans le vieil
édifice classique et inspiré les études de M. Garofalo,
du professeur Enrico Ferri, de tant d'autres encore.
Sans aller aussi loin que le chef de la nouvelle école, ils
attirèrent vivement l'attention sur l'injustice du principe
qui refuse au juge le soin de s'occuper du criminel et ne
lui demande qu'une peine pour le crime. M. Ferri disait :
« La doctrine de l'Ecole italienne peut se résumer dans ces
deux propositions : 1° Toute la justice pénale actuelle est
orientée autour du crime comme en tité juridique, 2°
toute la justice pénale de l'avenir sera orientée autour du
criminel comme personnalité bio-psychique ».

Certes, tout le monde n'a pas admis l'absolutisme de
cette profession de foi. On a fait observer le danger qu'il
y avait à négliger complètement le point de vue objectif
du crime et à s'en tenir simplement au point de vue subjectif. Mais à part cela, spiritualistes et déterministes ont
été d'accord pour écarter du problème la question du libre
arbitre et pour chercher à amender ou à réformer le criminel, seul moyen d'arrêter la progression des crimes.
Comme l'a fort bien dit M. Tarde : « La conscience popu-

laire en prononçant son verdict se préoccupe de savoir non si l'acte incriminé a été libre — c'est-à-dire, une *possibilité ambigüe*, un fait qui pouvait être autre qu'il a été au moment où il a été — mais s'il a été conforme au caractère permanent et fondamental de l'accusé... Or, je ne connais pas de jury ni de tribunal quelconque qui ait jamais songé à se demander avant de condamner un homme, s'il avait été cause première ou seulement cause seconde de son acte. Cause réelle, cela suffit ». C'est donc cet homme qu'il faut étudier car c'est lui et non son acte qu'il faut condamner. « Il ne s'agit plus de proportionner la peine au mal matériel commis, il ne s'agit plus même seulement de la proportionner au degré de criminalité déployé au moment de l'acte ; il s'agit avant tout de l'approprier à la nature de la perversité de l'agent, à sa virtualité criminelle qu'il faut empêcher de se réaliser de nouveau en actes (1) ».

C'est ce principe qui a inspiré la classification criminelle du professeur von Liszt, qui est le couronnement de toute la théorie de l'individualisation et qui sert de guide à tous les récents projets de législation criminelle. Il distingue trois espèces de peines, parce qu'il y a trois catégories de criminels : les criminels *d'occasion* (qu'on frappera de peines intimidantes), les criminels d'habitude *susceptibles d'amendement* (pour lesquels on créera des maisons de travail, d'amendement), les criminels d'habitude *incorrigibles (unverbesserlichen)* pour lesquels on usera de peines de sûreté : la mort, les peines privatives de liberté en Europe et hors d'Europe, les incapacités.

C'est en se basant sur une classification semblable, et

(1) Tarde, *Préface de l' « Individualisation de la peine »*, de M. Saleilles.

surtout sur la distinction entre le délinquant primaire et le récidiviste, qu'on a présenté de nombreuses propositions dont quelques-unes sont devenues des lois. La fin du xixe siècle a surtout été marquée par cette préoccupation de ramener au bien ceux qui sont amendables et d'éliminer ceux qui ne le sont plus. Pour les premiers on a créé des peines intimidantes : avertissement judiciaire, sursis à l'éxécution de la peine, maisons d'amendement américaines. Pour les seconds on a inventé les peines coloniales (la relégation, en particulier) qui rejettent sur des territoires lointains les individualités nuisibles au groupe social. Toutes ces mesures ne sont pas également bonnes, parce que les institutions humaines ne sont pas parfaites, mais toutes partent du même principe et tendent au même but.

L'idée de l'individualisation a donné naissance à deux nouvelles théories pénales : les peines non déshonorantes pour certains délinquants d'occasion ; les sentences indéterminées, peines d'amendement et peines de sûreté, tout à la fois. Elles semblent loin d'avoir réuni tous les suffrages car elles ne sont que des tentatives, des essais et ne présentent pas un système pratique et complet de rénovation du droit criminel. N'importe. Telles qu'elles sont ne peut-on pas voir en elles deux importantes manifestations du principe autour duquel gravitera le droit pénal de l'avenir, — de demain ?

§ 2

Le principe de l'individualisation une fois admis, il y a lieu de se demander de quelle façon on l'appliquera.

Deux procédés se présentent tout naturellement à l'esprit : ou bien, ce sera la loi qui, par avance, désignera

les cas où telle atténuation sera admise, telle peine
spéciale prononcée ; ou bien ce sera le juge qui statuera
d'après chaque cas particulier et il faut alors que ce juge
soit investi d'un très large pouvoir d'appréciation et
qu'une « marge » suffisante lui soit laissée pour l'application de la pénalité. On pourrait concevoir un troisième
moyen d'individualisation, l'administration. Nous verrons
en étudiant la sentence indéterminée, les avantages que
présenterait ce système, mais nous en verrons aussi les
inconvénients. Ces derniers sont tellement frappants que
plusieurs des partisans de la sentence indéterminée se
sont efforcés d'assurer la participation des magistrats à
l'individualisation administrative, soit en rattachant les
Prisons au ministère de la Justice, soit en organisant des
Commissions composées de magistrats : De sorte que ce
ne serait plus qu'une individualisation judiciaire sous
une forme nouvelle.

Deux systèmes sont donc seuls en présence : la loi ou
le magistrat ?

Il y a deux grandes objections à choisir la loi.

« *Individualiser* la peine, dit M. Tarde (1), c'est *l'inéga-
liser* pour des fautes égales et il est bon de faire entrer en
ligne de compte le sentiment d'injustice apparente que
cette inégalité ne peut manquer de faire éprouver aux
condamnés, ou à un grand nombre d'entre eux et même à
la masse ignorante du public..... Dans la mesure du
possible, il convient que le législateur en édictant les
peines, en fixant les limites du maximum et du minimum
où il circonscrit l'arbitraire du juge ait égard à cette
notion élémentaire et populaire de l'équité ». M. Tarde
conclut en demandant que ce soit le juge qui soit chargé

(1) Tarde, *loc. cit.*

de l'individualisation. C'est aussi ce qu'on admet généralement de peur de faire disparaître de l'âme des criminels cette crainte salutaire du châtiment qui est l'un des plus grands avantages de la peine légale.

Mais, ce qu'il y a de plus grave c'est que l'individualisation faite par le législateur, ce n'est plus de l'individualisation. La loi ne peut pas s'occuper de chaque criminel en particulier et tenir compte des différences infiniment nombreuses qui le distinguent des autres criminels coupables de la même faute. Le Code peut bien faire des divisions, des subdivisions entre les peines d'un même crime, ranger les criminels par catégories : Si nombreuses que soient ces divisions, si étroites que soient ces catégories, elles auront toujours le grand défaut d'être des divisions, d'être des catégories. La loi distinguera, à l'avance, entre les classes, entre les groupes, non entre les individus, parce qu'il est impossible de fixer à l'avance la responsabilité ou les mobiles directeurs de chacun : *Tot homines, tot sensus*. L'individualisation légale, ce sera celle dont nous parlions plus haut, celle de 1810, c'est-à-dire quelque chose d'essentiellement *objectif*. C'est elle qui, dans l'histoire de la peine, ouvre la voie à l'individualisation judiciaire mais c'est l'adoption de cette dernière qui couronne le système parce que seule elle en est l'application véritable.

Ceci posé, « il faut bien se rendre compte du genre de questions que le juge aurait désormais à résoudre. Si l'individualisation doit avoir surtout pour effet de mettre à la disposition du juge des peines de nature différente suivant la nature des criminels, le juge aurait deux ordres de problèmes à trancher : l'un, et ce serait le plus grave,

relatif au choix de la peine et l'autre relatif à sa durée. » (1)
Il faudrait, d'abord, choisir *le régime* : peine parallèle,
sentence indéterminée (ou relativement indéterminée), tel
autre système d'individualisation qu'on pourrait trouver,
ou bien peine de droit commun, car il est probable —
ainsi que nous le verrons — qu'il faudrait conserver la
peine de droit commun pour tels délinquants sur qui la
peine spéciale ne saurait avoir d'effet. — Il faudrait
ensuite déterminer la *durée*, en cherchant, entre le maximum et le minimum, la pénalité applicable. On a dit que
les limites de la peine seraient à peu près les mêmes que
celles qui ont été fixées par la loi de 1832. Nous nous
permettons d'être d'un avis différent. Nous croyons que de
plus en plus un mouvement se dessine qui finira par
aboutir au rétablissement de l'arbitraire de la peine. Oh !
un arbitraire qui ne ressemblera que de nom à celui de notre
Ancien Régime. Celui-ci n'avait pour but que de permettre
d'élever l'horreur du supplice à la hauteur de la gravité
du crime à expier ; celui-là n'aura d'autre raison d'être
que de rendre l'individualisation plus facile, ou plutôt
plus parfaite, un maximum légal permettant, du reste,
d'éviter tout excès. L'un permettait de frapper fort, l'autre
permettra de frapper juste. Autoriser le juge à abaisser
le minimum à son gré et lui confier ainsi le pouvoir
discrétionnaire le plus large, c'est une idée qui a gagné
bien des esprits et dont nous retrouvons partout les traces
ou plutôt les essais d'application. La suppression de tout
minimum en matière correctionnelle, la loi de sursis du 26
mars 1891, la proposition souvent faite d'accorder au juge

(1) Saleilles ; *op. cit.*

le droit de pardon (1) sont, chez nous, autant d'applications de ce principe. (2).

Est-ce un bien ? Nous n'oserions l'affirmer. Peut-être, serons-nous ainsi conduits aux courtes peines, sources de tant de maux, si souvent causes de la récidive, cette autre plaie de cette époque de doutes, d'essais, de transition en un mot, qui est la nôtre. Quoi qu'il en soit, la faculté pour le juge de descendre plus bas que le minimum de la peine, semble bien devoir être la conséquence extrême de l'individualisation.

(1) Cette question vient de faire un nouveau pas. Elle a été portée devant les Chambres par M. Morlot, député de l'Aisne sous forme de proposition de loi (27 mai 1899), ainsi conçue : « L'art. 463 du Code pénal est complété par l'addition des dispositions suivantes : En outre, même si les faits qui font l'objet de la poursuite sont établis, le juge aura *toujours* le pouvoir d'absoudre par une décision motivée quand cet acte de clémence lui apparaîtra comme le moyen le plus efficace d'arriver à la mo · ralisation du coupable..... ».

Cette proposition a été inspirée par une pétition de M. Magnaud prési dent du tribunal de Château-Thierry à la suite d'nn jugement de ce tribunal qui eut presque, à son temps, les honneurs d'un scandale (4 mars 1898 — Sirey 1899, 2. 1.). Ce jugement qui acquittait une femme qui, chargée de famille et sans moyens d'existence, avait volé un pain, n'était autre qu'une mesure d'individualisation dans toute l'acception du mot, — toutes réservés faites sur sa légalité. —

— L'art. 66 du projet de la Commission de révision du Code pénal, permettait déjà au juge, mais en cas d'amende seulement, de remplacer la condamnation avec sursis, par une absolution accompagnée d'un avertissement. Ce n'était qn'une timide modification de la loi Bérenger, mais c'était déjà l'indication d'un état d'esprit de plus en plus général.

(2) Il y a lieu de remarquer que cette idée a fait, à l'étranger, de plus grands progrès que chez nous. Plusieurs législations ont déjà admis l'avertissement judiciaire. D'autre part, le Code hollandais, s'inspirant de l'exemple de ceux des cantons de Vaux et de Neufchâtel, a aboli tout minimum et cela d'une façon générale. Cf aussi le projet de Code hongrois de 1843 et le projet d'introduction des sentences indéterminées dans le Code pénal norvégien. — *Infra;* Section III, § 3.

§ 3

Maintenant que nous avons opté pour l'individualisation
par le juge, il nous reste à traiter une question fort délicate : Ce juge quel sera-t-il ? magistrat ou juré ?

A vrai dire, la plupart des individualistes se sont fort
peu préoccupés de cette question, non peut-être qu'ils
l'aient ignorée, mais plutôt parce qu'ils ont pensé que sa
solution ne pouvait faire de doute. Presque tous, adversaires du jury, ils étaient certainement d'avis qu'il fallait
l'écarter de l'individualisation et reprenant la thèse — le
rêve — du juge unique, ils entrevoyaient volontiers cet
arbitre impartial de la justice future, dominant de sa haute
situation les passions et les partis et armé des pouvoirs les
plus larges pour individualiser la peine et la distribuer aux
délinquants.

Quelques-uns cependant se sont posé la question et ont
essayé de la résoudre en faveur du jury, mais ils se sont
aussitôt heurtés aux difficultés que nous allons voir.

Ceux qui estiment que la suppression du jury serait un
remède pire que le mal, se sont demandé quelles seraient
les attributions des juges de profession et des juges populaires dans l'application judiciaire d'un droit pénal in-
dividualiste. Et alors, ils ont hésité, sans donner de solution bien précise.

Parmi eux, M. le professeur Saleilles a abordé franchement le problème et a proposé une solution fort ingénieuse.
M. Saleilles ne saurait être accusé de faiblesse pour le
jury. Il en reconnaît les défauts mais il croit qu'on ne peut
songer à le supprimer : c'est la meilleure des garanties
pour un accusé et puis surtout c'est la voix du peuple,
c'est la manifestation de la conscience publique : Il faut

donc garder le jury. A la Cour d'Assises de l'avenir il sera appelé à participer à la justice criminelle.

Mais, de quelle façon ?

M. Saleilles reconnaît qu'il serait chimérique de vouloir laisser l'individualisation aux seuls magistrats, eu cantonnant le jury sur la question de fait. Ce serait renouveler tous les inconvénients du Code de 1810. Sans doute, les magistrats auraient une plus grande latitude. Ils pourraient, non seulement, prononcer le maximum ou le minimum, mais surtout, ils pourraient choisir entre la peine spéciale et la peine de droit commun. Mais, le jury écarté de la question de pénalité se demanderait comme il y a un siècle : Que va faire la Cour ? et dans la crainte d'une condamnation trop sévère, il n'hésiterait pas à prononcer un acquittement scandaleux, peut-être, mais assurément trop explicable. Ce système de séparation absolue entre le fait délictueux et la peine qui sert à le réprimer, a déjà fait ses preuves. N'y revenons pas.

Laissera-t-on, en ce cas, le jury maître de l'individualisation ? lui permettra-t-on de fixer la peine spéciale, et ensuite de la graduer ? M. Saleilles trouve que le jury est une justice trop impressionnable pour lui confier cette délicate mission. Et puis, l'individualisation est une science et « science » et « jury » sont deux idées inconciliables. C'est aux juges de carrière qu'elle revient de droit ; il faut la leur laisser. Et voici la solution à laquelle aboutit l'honorable professeur :

« Peut-être, la solution serait-elle d'associer aux magistrats.... un second jury composé de professionnels destiné à décider du choix de la peine. Il serait composé de médecins et de directeurs d'établissements pénitentiaires principalement, d'éducateurs de profession, de gens qu[i]

par qualité et par métier aient pu manier les hommes et
les connaître : Ce serait un jury non pas de juristes, mais
un jury technique, de sorte que nous arriverions par voie
d'élimination à une série de sélections successives. Le
jury ordinaire, pris au hasard comme aujourd'hui, donnant la représentation de l'opinion avec le défaut
d'attitude technique qui la caractérise, restant juge du
fait, c'est-à-dire du rapport de la causalité matérielle, de
la question d'intention et de la démence ; puis un jury
technique se prononçant sur le choix de la peine, le jury
d'individualisation ; la Cour enfin fixant la durée comme
elle le fait aujourd'hui (1) ».

On pourrait objecter que c'est là changer les mots mais
non la chose. Qu'importe que ce soit la Cour ou le jury
d'individualisation qui statue sur la peine, si le jury ordinaire, le vrai jury ne peut pas s'écarter de la question de
fait ? M. Saleilles prévoit cette objection ; bien plus, il l'admet et cherche un terrain de transaction afin de rendre
aussi large que possible — mais pas complète cependant —
la participation du jury à l'application de la peine. En
conséquence, il permet au jury de statuer, en partie, sur
les deux questions que soulève le problème de l'individualisation : la durée et le régime. Quant à la durée, les
jurés garderaient le droit d'admettre les circonstances atténuantes. Ils pourraient ainsi diminuer la peine dans la
mesure où ils le font aujourd'hui. Quant au régime, sans
doute ils ne pourraient pas le fixer eux-mêmes : ce serait les
rendre maîtres de l'individualisation ; mais ils pourraient
renvoyer ou non, l'accusé devant le jury spécial. C'est lui qui
prononcerait sur le régime toutes les fois où la peine ne serait
pas imposée par la nature de l'infraction. La Cour garde-

(1) Saleilles, *op. cit.*

rait le droit de statuer sur la durée de la peine choisie par le jury technique.

Tel est le moyen, assurément séduisant, par lequel M. Saleilles espère concilier l'individualisation de la peine avec le jugement par jurés.

Nous avons le regret de ne pas nous trouver d'accord avec l'éminent professeur. Il nous semble — qu'il nous permette de le dire — qu'il ne tient pas suffisamment compte des résultats déplorables que produit le système hybride de la loi de 1832. La théorie qu'il propose reviendrait, en somme, à garder l'état de choses actuel tout en posant au jury quelques questions de plus. Et ce qui se passe tous les jours à la Cour d'Assises ne prouve-t-il pas combien il est dangereux de donner un compromis pour base à une législation? Admettre le jury spécial d'individualisation, c'est reconnaître au jury le droit de penser à la peine sans celui de juger. On reconnaît que le jury ne consentira jamais à se laisser limiter au « fait ». On l'autorise à peser les « conséquences de son verdict ». On lui permet enfin de déterminer la peine — mais en partie seulement. Lui laisser le droit d'aller jusqu'au bout, d'être enfin logique avec lui-même, cela semble trop dangereux.

Eh bien ! nous disons que jamais le jury ne se contentera de ces demi-pouvoirs; jamais, il ne comprendra ces demi-mesures. Acteur dans le procès criminel, il voudra jouer son rôle tout entier et ne consentira pas à disparaître dans les coulisses au moment psychologique : au dénouement du drame. C'est une expérience de plus d'un siècle qui permet de l'affirmer. Et les marchandages continuels qui se passent journellement dans la Chambre des délibérations sont une preuve de l'insuffisance et de l'illogisme de la **timide** réforme de 1832.

Pour nous, le jury doit être un juge et il doit **l'être** complètement. Nous avons demandé qu'on lui permette de se réunir à la Cour afin que l'arrêt de condamnation ne soit que la copie du verdict affirmatif, comme l'ordonnance d'acquittement l'est du verdict négatif. Nous demandons que, de même, il soit juge de l'individualisation de la peine.

Nous emprunterons toutefois à M. Saleilles l'une de ses idées. Comme nous l'avons déjà dit, rien ne s'oppose à ce que, au jury de l'avenir tel que nous le désirons, vienne s'ajouter un élément nouveau : l'élément technique, l'expert. Il est permis de concevoir de nombreux cas où la réunion aux juges populaires, d'hommes spécialement compétents, donnera d'excellents résultats. Si dans quelques rares affaires où les passions seront excitées au plus haut point, où le procès pénal deviendra un procès social, le jury fait de l'individualisation à tort et à travers, il faudra, croyons-nous, s'en consoler, en pensant aux résultats autrement scandaleux d'une demi-participation à l'application de la peine. Le juge humain n'a jamais été parfait, il ne le sera jamais. La justice ne peut être que relative et son seul but doit être de répondre, autant que possible, aux besoins de la conscience publique. C'est là précisément le rôle du jury pris dans la masse et en reflétant les sentiments et l'opinion.

Nous allons étudier successivement dans les Peines Parallèles et dans les Sentences Indéterminées le rôle qu'y jouerait le jury si l'on reconnaissait enfin la nécessité de lui permettre de statuer sur la peine.

SECTION II

Le jury et les Peines Parallèles

§ 1 — *Théorie des Peines Parallèles*

L'idée d'une peine parallèle, peine spéciale différant de la peine de droit commun quant à son caractère et quant à son régime, est déjà fort ancienne et ce n'est pas d'hier que nos législateurs lui ont accordé une place dans le Code pénal,

C'est à l'occasion de la répression des crimes politiques qu'elle prit naissance. Ce n'est pas que le crime politique soit objectivement moins grave que le crime de droit commun. Comme on l'a fait remarquer, le trouble qu'il apporte dans la société, le bouleversement formidable qui peut en résulter, auront des conséquences plus désastreuses qu'un crime individuel qui, après tout, ne nuit qu'à une seule personne ou à un petit nombre de personnes. Seulement, on a reconnu, de très bonne heure, que le criminel politique ne pouvait être assimilé à un criminel de droit commun, parce qu'il n'en a pas l'âme basse et vile, parce qu'il n'est pas poussé par des motifs dégradants. Son crime sera quelquefois le résultat d'une ambition effrénée et d'un orgueil insensé, mais quelquefois aussi il n'aura eu d'autre but que le bonheur de son pays par le triomple d'une idée plus libérale, plus juste. Quelles que soient les objections qu'on puisse faire à une distinction de ce genre, quelle que soit la difficulté de caractériser le délit politique, dans de nombreux cas, il est certain que l'idée, en elle-même, était bonne, parce que c'était une idée d'individualisation. On commençait à s'apercevoir que ce n'est pas tant le crime que le criminel qui doit être puni et que, si atroces que soient les résultats de celui-là, celui-ci n'est pas toujours indigne d'indulgence. Mais, une fois introduite dans nos Codes, la peine parallèle ne subit aucun changement, ne suivit aucune évolution, Elle resta un essai, une demi-mesure, un remède apporté à une injustice trop criante, et ce fut tout.

L'idée toutefois vient d'être reprise et elle a reçu des développements intéressants, quoique bien incomplets, dans plusieurs législations étrangères.

Le Code allemand, le projet russe en ont fait usage. En Italie, M. Mancini édifia sur cette théorie des peines parallèles tout un système pénal subjectif qui eut un grand retentissement, mais que malheureusement, la rédaction définitive du nouveau Code pénal (1890) n'a admis qu'en partie.

La théorie des peines alternatives a été présentée sous un nom un peu différent, à la Société Générale des Prisons par M. le professeur Garçon qui, dans son brillant rapport de 1896, insista vivement sur la nécessité qu'il y avait d'introduire dans nos lois pénales des peines *non déshonorantes* qui, appliquées à certains delinquants particulièrement intéressants, présenteraient le grand avantage d'éviter que certaines peines « ne se trouvent en désaccord avec la conscience publique ».

Appliquées aux délits politiques, aux crimes passionnels, à certains autres délits encore pour lesquels nos lois sont vraiment trop sévères, ces peines non déshonorantes subies dans des établissements spéciaux et avec un régime spécial, pourraient encore servir à réprimer certains actes immoraux, mais qui se distinguent absolument des délits de droit commun : le duel, par exemple. Pour tous ces cas, la peine spéciale ne serait appliquée qu'aux délinquants « dont les mobiles ne seraient ni vils, ni méprisables, ni honteux et qui n'auraient pas employé des moyens qui répugnent à la conscience humaine ».

Le délinquant politique qui se bat pour le triomphe de ses idées, l'homme qui venge l'honneur des siens, celui qui tue son adversaire dans un duel loyal, ce sont des criminels, c'est vrai, mais des criminels d'une nature spéciale. Lorsqu'ils comparaissent devant la Cour d'Assises, devant le jury, celui-ci se révolte à la pensée de frapper des délinquants de cette nature de la même peine qu'il appliquait la veille à un escroc et à un assassin. Il acquitte. Si, au contraire, on autorise le jury (tout en lui laissant le droit de prononcer des circonstances atténuantes) à choisir une peine qui ne déshonorera pas, il n'hésitera plus à assurer la répression. Il punira parce qu'il pourra le faire sans commettre d'injustice.

Si au contraire, le délinquant politique n'est qu'un de ces gens sans aveu, pour qui toute révolution est une occasion de pillage et de meurtre, si le duelliste écartant de la main l'épée de son adversaire lui porte un coup mortel, si le crime passionnel a une toute autre cause que la passion (ce qui n'est que trop fréquent), le droit commun, alors, reste en vigueur, et il est permis de croire qu'en présence de criminels aussi peu intéressants, la peine ne paraîtra pas trop sévère au jury.

Telle est la théorie fort séduisante de M. Garçon. Nous n'avons pas à exposer ici les objections considérables qui lui ont été faites et sur le caractère déshonorant ou non-déshonorant des peines, et sur le caractère trop spécial (peut-être parfois inexact) de son criterium : le mobile. Mais ce que nous avons à rechercher, c'est le rôle du jury dans un pareil système.

La théorie de M. Garçon est un essai d'individualisation à la fois légale et judiciaire, mais surtout judiciaire : c'est par là que ses idées sont tout à fait neuves et intéressantes.

D'une part : individualisation légale. M. Garçon demande une peine spéciale pour une classe de délits qui, en raison de leur nature toute particulière, ne sauraient être assimilés à des délits de droit commun, et qui cependant, en raison du trouble qu'ils causent à l'ordre social, exigent une répression. Il n'y a rien là de nouveau : ce sont des principes reconnus depuis longtemps et que la plupart des législations ont mis en pratique plus ou moins heureusement.

Au contraire, ce qu'il y a de tout à fait remarquable dans la théorie de M. Garçon, c'est qu'elle nous présente un effort loyal et sincère vers l'individualisation sous sa seule forme pratique et véritable : l'individualisation judiciaire. Ce ne sont pas seulement les crimes, ce sont les criminels qu'il faut distinguer. C'est le mobile, dit l'honorable professeur, qui fait le criminel de droit commun, le criminel qui s'est *déshonoré*.

Ce second point de vue, qui constitue pour nous la partie la plus importante de la théorie des peines parallèles, n'a été qu'entrevu par les législations étrangères dans les timides essais qu'elles en ont fait.

C'est ainsi que dans la législation italienne, malgré les efforts de M. Mancini pour qu'on laissât au juge le choix de la peine, c'est la loi qui, dans presque tous les cas (1), a fait ce choix elle-même et, par conséquent, *a priori*. Le

(1) Ce n'est, en effet, qu'exceptionnellement que le Code italien permet au juge de choisir entre les deux peines parallèles : la détention et la réclusion (art. 105, 107 et 110).

.Code allemand a essayé de combiner les deux points de
vue : objectif et subjectif, mais les cas sont bien rares où
le juge peut opter pour la peine parallèle (2). Le Code
russe, lui aussi, a aperçu la distinction, mais il y a loin
de quelques solutions de détails, à la théorie d'ensemble
du projet Mancini et du rapport de M. Garçon.

Le seul reproche qu'on puisse faire, et qu'on a fait, à
M. Garçon, celui que M. Saleilles a longuement exposé
dans l'*Individualisation de la peine*, c'est de ne pas avoir généralisé son idée. Il s'est attaché à un criterium subjectif
(et c'est ce qui fait la force de son système), mais il a *spé-
cialisé ce criterium*. Pour lui, le criminel digne de la
peine non déshonorante, c'est celui qui a obéi à un motif
qui n'est ni vil, ni méprisable, ni honteux et qui a employé des moyens « qui ne répugnent pas à la conscience
humaine ». Ces deux conditions sont fort discutables, et
on leur a fait des objections qui nous paraissent considérables. Une distinction basée seulement sur le mobile
est insuffisante. Il est absolument nécessaire d'admettre
un criterium beaucoup plus général qui sera tiré du caractère du criminel lui-même, avec ses instincts, ses
passions, son éducation, le milieu dans lequel il a vécu,
et ce n'est pas seulement aux crimes politiques ou passionnels qu'il devra servir, mais à tous les crimes et à
tous les délits. Comme le disait si bien M. le professeur
von Liszt : « La législation pénale en tous pays mesure
les peines d'après le caractère juridique des délits. C'est
là l'objet de la partie spéciale de nos Codes : établir une
proportion entre les délits et les peines. M. Garçon, au
contraire, prend comme point de départ les délinquants
et la diversité de leurs tempéraments. Son échelle double

(2) Cf. l'art. 20 du Code pénal allemand.

de peines doit s'appliquer *à tous les délits sans exception.*
Et ce qui doit décider du choix de l'une ou de l'autre,
c'est un élément purement subjectif » (1). La question
ne sera plus de savoir si tel ou tel mobile est honteux,
mais bien si le criminel mérite ou non la peine de droit
commun. Tel délinquant est-il intéressant, a-t-il commis
son crime dans un ensemble de conditions telles qu'il
n'a pas pu se déshonorer ou qu'il mérite une peine plus
douce ? Ce sera alors le cas de lui faire application de la
peine parallèle. C'est seulement de cette façon, croyons-
nous, qu'il sera possible de faire de la véritable individualisation.

§ 2 *Le rôle du jury dans un système de Peines Parallèles.*

Quoiqu'il en soit, nous avons à étudier de quelle façon
le jury pourrait participer à l'application de la peine dans
un système de peines parallèles.

Comme nous l'avons vu, le système se conçoit objectivement ou subjectivement.

Le jury participerait au jugement des délits politiques
comme à celui des délits de droit commun. Les questions seraient semblables, les situations identiques. Juge
du fait et du fait seul, le jury, en réalité, ne s'occuperait
que de la peine. Il la graduerait comme il le pourrait par
le moyen des circonstances atténuantes. Il en serait
de même pour les autres crimes (duel, crimes passionnels)
assimilés aux délits politiques. On espère que la peine
parallèle rendrait plus fréquente la condamnation. Nous
le croyons, en effet, sauf pour tout ce qui touche les
crimes politiques. Dans ces sortes d'affaires, on peut dire
que l'acquittement n'est jamais dû à la trop grande sévérité de la loi, mais au caractère du délit. Changer la

____

(1) *Bulletin de la Société Générale des Prisons,* Janvier 1897.

nature de la peine ne modifierait en rien cette répugnance que manifeste le jury à condamner les ennemis du gouvernement qui le régit : ce que nous savons le mieux faire, c'est de l'opposition.

Puisque ce point de vue ne présente rien de nouveau, passons à l'étude de l'application par le jury d'une peine parallèle subjective. Ce n'est pas le côté le moins intéressant de la théorie de M. Garçon.

Dans le système qu'il soutient, le jury participerait dans la plus large mesure à l'application de la peine, car c'est à lui qu'il appartiendrait de choisir entre la détention et l'emprisonnement, la déportation et les travaux forcés. Enlever au jury le droit de statuer sur la nature de la peine et réserver ce soin aux magistrats, ce serait retomber dans la singulière transaction consacrée par la loi de 1824 qui, afin d'obtenir des condamnations plus fréquentes, faisait entrevoir aux jurés la possibilité d'une atténuation de peine dont ils n'étaient pas maîtres. Parlant de la peine parallèle devant la Cour d'Assises, M. le professeur Vold. de Prjevalski disait : « Quand le délinquant est jugé par le jury, c'est sans doute à ce dernier qu'il appartient de résoudre si les motifs et les moyens employés sont nobles ou ignobles (1) ». C'est bien aussi ce qu'admettait M. Garçon et nous croyons devoir rappeler en quels termes il concluait son rapport devant la Société Générale des Prisons : « Le choix de la peine, disait-il, doit être abandonné à la décision *du juge du fait.* Lui seul peut scruter les mobiles qui ont déterminé le coupable, apprécier les circonstances du délit, décider en un mot si le délinquant est un malhonnête homme dans

____

(1) *Bulletin de la Société Générale des Prisons* ; 1897.

l'acception vulgaire du mot. Je conclus donc que, par une disposition qui devrait trouver place dans la partie générale du Code pénal, le juge serait autorisé à substituer la peine non déshonorante à la peine de droit commun. Je reconnais que les formules que je viens d'indiquer laissent au juge un large pouvoir d'appréciation et lui marquent seulement son devoir. Mais une considération me rassure, je crois être certain qu'en présence des faits concrets et des espèces, le choix des peines serait plus facile qu'il ne semble. J'ai assez de confiance dans la magistrature et le jury français pour leur abandonner cette solution. — Toutes les objections qu'on peut faire contre le pouvoir arbitraire que je leur attribue ainsi, on les a faites lorsqu'il s'est agi de leur donner le droit d'accorder des circonstances atténuantes ».

« Après tout et en allant au fond des choses, ce que je propose, ce sont des circonstances atténuantes d'une nouvelle espèce et produisant des effets nouveaux. Non, je ne recule pas devant ce large pouvoir accordé aux juges et aux magistrats lorsqu'il s'agit d'introduire dans nos lois répressives un principe de pitié et de meilleure justice » (1).

En réalité, pour M. Garçon, la peine parallèle ce n'est pas autre chose qu'une *circonstance très atténuante*, mais d'une nature particulière. Admettant pleinement la participation du jury, il voudrait que celui-ci, quand après l'admission des circonstances atténuantes il trouve la peine trop sévère encore, puisse accorder une nouvelle atténuation. Mais, cette fois, cette atténuation ne serait pas une modification de la *durée* de la peine, mais de sa *nature*, de son *régime*. Une pareille théorie s'appliquerait particulièrement aux crimes passionnels (ceux que visait

(1) *Bulletin de la Société Générale des Prisons ;* juin 1896.

surtout le rapport de M. Garçon). Trouvant le minimum trop sévère mais craignant de légitimer le meurtre par un verdict d'acquittement, le jury modifierait à la fois la nature de la peine et le régime de la prison et le condamné se trouverait ainsi dans une situation privilégiée sans toutefois sortir libre de la Cour d'Assises.

Que les résultats d'un système de peines alternatives soient bons ou mauvais; que son application aux crimes passionnels permette une répression plus efficace ou au contraire lâche la bride à toutes les violences, c'est ce qu'il ne nous appartient pas d'examiner. Mais nous devons constater que si un système de ce genre entrait un jour en pratique, M. Garçon reconnaît lui-même qu'on ne saurait empêcher le jury de statuer sur cette nouvelle cause d'atténuation : la peine spéciale. Oui, les jurés s'occuperaient de la peine et cette fois ils s'en occuperaient légalement. Leur mission ne serait plus seulement de juger le fait, mais de s'occuper de la peine qu'ils modifieraient.

a) Quant à sa durée, par le jeu des circonstances atténuantes et par la possibilité qu'ils auraient toujours de disqualifier le crime : soit en écartant les circonstances aggravantes, soit en admettant la question subsidiaire;

b) Quant à sa nature, par l'admission ou le rejet de la question spéciale qui leur serait posée : L'accusé a-t-il obéi à des mobiles déshonorants? — ou : L'accusé mérite-t-il la peine parallèle ?

Ainsi, M. Garçon repousse l'idée de confier l'individualisation aux seuls magistrats. Il la remet, non à un jury spécial, mais au jury ordinaire.

Seulement, la lui remet-il entièrement ?

Non, malheureusement. La séparation des juges persiste telle que l'a faite la loi de 1832, seulement les pouvoirs du jury sont un peu plus étendus. Mais alors, aux questions trop nombreuses qu'on pose aujourd'hui aux jurés, il va donc falloir en ajouter d'autres ? Nous avons vu les dangers du questionnaire et on songe à le compliquer davantage !

Et puis, pourquoi ces timides essais, cette incomplète participation du jury à l'application de la peine que chaque réforme du Code d'Instruction criminelle étend un peu plus ? N'est-il pas préférable d'être enfin logique, de consacrer légalement ce qu'on ne peut empêcher en fait : la réunion de l'élément populaire et de l'élément technique : juges et jurés statuant, de concert, sur la pénalité ?

Sinon, ce serait se renfermer dans le cercle des demimesures et l'expérience en a été assez longue pour que nous en comprenions enfin les dangers.

SECTION III

Le Jury et l'Indétermination de la peine

§ 1. — *Evolution de la théorie des Sentences Indéterminées.*

« Depuis qu'on a peuplé les prisons, depuis qu'on est forcé d'avoir journellement devant les yeux ces hommes délinquants dans le passé, citoyens dans l'avenir, depuis que, d'abord par la force des idées humanitaires, ensuite par la puissance des idées scientifiques sur l'étiologie des crimes, on s'est intéressé à cette population, à son sort, à son avenir, à ce que, après la libération, elle aurait à attendre de la société libre, et à ce que la société aurait à attendre d'elle, il est devenu impossible d'acquiescer

a priori, dans tous les cas, à une sentence préfixe ». (1)
C'est en ces termes que M. le professeur van Hamel dans
son remarquable rapport sur les sentences indéterminées
devant la Société Générale des Prisons, expliquait le
« pourquoi » de l'indétermination de la peine. Les partisans de ce système, en effet, ont été frappés des
inconvénients indéniables de la sentence préfixe, de la
peine prononcée à l'audience, « distribuée automatique-
ment » et forcément au hasard des « tarifs de consommation
criminelle », preuve douloureuse des hésitations du juge
placé en face d'un criminel qu'il ne *connaît pas* et, que
cependant, il lui faut juger. Ils se sont préoccupés des
résultats de la peine, de l'effet correctif de la prison.
Spiritualistes et positivistes, classiques et anthropologistes
se sont mis d'accord pour reconnaître que les peines ne
pouvaient être fixées à l'avance, mais seulement d'après
les effets qu'elles produisent sur chaque condamné.
Partant de ce principe que, pour individualiser, il faut,
avant tout, étudier chaque délinquant dans ses mœurs,
ses sentiments, son repentir, sa nature en un mot, ils
ont proposé de confier à l'administration le soin de fixer
l'époque de la libération de chaque détenu d'après les
notes obtenues pendant la durée de l'internement. « La
peine indéterminée, dit encore M. van Hamel, c'est une
condamnation à une détention dont la durée n'est pas
absolument déterminée d'avance, dans la sentence du
juge qui condamne ». Dans un semblable système, la
durée de la peine est limitée par l'amendement, par le
retour au bien du prisonnier. C'est sa bonne volonté,
son travail, sa bonne conduite, les sentiments dont il
fera preuve qui seront les agents de sa liberté puisqu'ils

(1) *Bulletin de la Société Générale des Prisons,* Mai 1899.

seront l'expression de son repentir. C'est bien là une théorie d'individualisation par excellence et il n'y a rien d'étonnant qu'une semblable idée ait séduit des hommes qui étaient à la fois de profonds penseurs et des cœurs généreux.

L'idéal d'un système de sentences indéterminées, c'est évidemment celui dans lequel l'accusé, convaincu d'un crime quel qu'il soit, serait immédiatement renvoyé dans une maison d'amendement, sans aucune fixation de temps, peut-être pour la vie, si l'amendement tarde trop. C'est l'indétermination sous sa forme la plus radicale mais aussi la seule logique. C'est bien de cette façon que l'idée fut admise tout d'abord dans d'anciennes sentences ecclésiastiques. C'est aussi avec ce caractère d'absolutisme, qu'elle fut préconisée, il y a près d'un demi-siècle, par les Américains, puis discutée par les jurisconsultes et les criminalistes de l'Europe entière aux congrès de Stockholm (1886), Rome (1885), de St-Pétersbourg (1890), de Paris (1895), puis inscrite parmi les principes de l'Union internationale de Droit pénal par ses trois fondateurs : MM. von Liszt, van Hamel et Prins. Enfin, c'est toujours sous cette forme qu'elle a été étudiée jusqu'à ces derniers mois. On présentait la sentence indéterminée à la fois comme peine de sûreté contre les « incorrigibles » et comme peine de réforme pour les délinquants d'habitude, susceptibles d'amendement et particulièrement pour les mineurs. C'est sous cette forme qu'elle fut mise en pratique par M. Brockway, le directeur de l'établissement d'Elmira dans l'Etat de New-York. Elle y donna d'excellents résultats, mais il faut remarquer que l'admirable directeur de ce *reformatory* s'était voué à son œuvre avec le dévoûment d'un apôtre et qu'il ne recevait que des sujets particulièrement intéressants. Les sept autres Etats qui ont essayé d'appliquer le même système ont été loin d'obtenir de pareils résultats. La théorie des sentences indéterminées ne reçut aucune application en Europe et il en devait être ainsi. Heurtant de front nos idées et nos institutions, elle apparaissait comme le rétablissement de la prison d'Etat. Beaucoup de partisans du système avaient admis, il faut le dire, un important correctif à l'idée primitive, en retirant à l'administration le soin de prononcer la libération et en le remettant soit à une Commission mixte de magistrats et de directeurs de pénitenciers (M. von Liszt), soit même à un nouveau tribunal (M. van Hamel). Mais, ce qui était grave, c'est que l'arbitraire de l'administration, c'est-à-dire de l'Etat, n'en subsistait pas moins, ces commissions et ces tribunaux ne pouvant guère statuer que sur les rapports des gardiens de la prison. Aussi, on fut assez rapidement amené à reconnaître qu'une limite maxima s'imposait absolument et qu'il était impossible d'admettre qu'un individu fût détenu à perpétuité sous prétexte qu'il n'était pas amendé. Mais cette réforme en entraîna une autre ; une seconde objection fut faite dont il fallut bien tenir compte. On a demandé aux indéterministes si, à force de s'occuper de l'individu, de son caractère, de son amendement, ils n'avaient pas négligé la collectivité et le trouble social qu'y apporte le délit. A côté du criminel, il y a le crime, et il serait singulièrement dangereux d'oublier celui-ci. Les indéterministes l'on bien compris, et à la Séance de la Société Générale des Prisons du 19 avril de l'an dernier, où la question fut étudiée dans toutes ses conséquences, ils ont proposé une théorie toute nouvelle qui modifiait singulièrement la doctrine primitive.

MM. van Hamel et von Liszt exposèrent un système de sentences *relativement indéterminées*, comportant un maximum et un minimum fixés soit par la loi, soit par le juge et entre lesquels seulement le détenu ne pourrait être mis en liberté s'il n'est amendé. Mais, le maximum une fois atteint, le condamné serait libéré amendé ou non. Ce seraient des Commissions qui seraient chargées de prononcer la libération, car M. van Hamel adoptant les idées de M. von Liszt reconnaît les difficultés considérables qu'il y aurait à charger un tribunal de résoudre cette question. A la vérité, M. van Hamel s'apercevait bien de la contradiction qui existe entre le principe de l'indétermination et l'établissement à *priori* de deux limites que la peine ne pourrait dépasser. « Mais, disait-il, il faut parfois sacrifier les déductions logiques d'un principe, pour l'amour d'un autre principe. Il faudra donc pour ne pas courir le danger de détenir par suite de quelque erreur, un homme au-delà des limites de la nécessité, courir plutôt le risque de le libérer alors qu'on ferait mieux de le garder encore ». (1).

Quant à M. Prins, il ajouta à ces restrictions de la durée de l'indétermination une nouvelle restriction en visant le champ d'application. Classant les criminels en trois groupes : les normaux, les déments et les anormaux, il proposa de n'appliquer les sentences indéterminées qu'à ces derniers. Son point de vue obtint peu de succès parce qu'il lui était bien difficile de désigner exactement quels étaient ceux qui feraient partie de la classe des anormaux. Mais, tous les partisans de l'indétermination de la peine, se rangèrent à l'avis de MM. van Hamel et von Liszt. C'est aussi le système que vient d'adopter le nouveau projet de

(1) *Bulletin de la Société Générale des Prisons ; loc. cit.*

Code pénal norwégien que nous étudierons plus loin avec quelque détail.

Il semble bien que la théorie de l'indétermination absolue, trop en contradiction avec notre droit public tout entier, a fait son temps.

On peut même trouver que les solutions de M. van Hamel manquent de netteté et que plusieurs d'entre elles seraient difficiles à introduire dans nos Codes. Le savant professeur hollandais le reconnaissait, du reste : « Le problème, disait-il, est extrêmement complexe, car, plus on l'étudie, plus on s'aperçoit qu'une solution absolument satisfaisante est presque introuvable ». (1).

Nous n'étudierons pas les nombreuses objections qui ont été faites à ce nouveau système, ce serait sortir du cadre de notre sujet. Mais nous retiendrons qu'il ne s'agit plus désormais que d'indétermination relative et que, par conséquent, c'est sous ce nouvel aspect qu'il nous faut examiner le rôle du jury dans l'application de la sentence indéterminée.

§ 2. — *Le rôle du jury dans la sentence indéterminée.*

De quelle façon le sentence indéterminée serait-elle un procédé d'individualisation judiciaire, et dans quelle mesure la Cour d'Assises de l'avenir, composée de la manière que nous indiquions, pourrait-elle y participer, tel sera l'objet de cette étude.

Nous ne nous étendrons pas sur la sentence absolument indéterminée, puisqu'un pareil système, outre qu'il n'a jamais été mis en pratique, est maintenant répudié par ceux qui, autrefois, en avaient été les ardents promoteurs. Néanmoins, nous ferons observer que même dans ce sys-

(1) *Bulletin de la Société Générale des Prisons; loc: cit.*

tème, le rôle du juge aurait une importance considérable. D'une part, il aurait à statuer sur la matérialité des faits, sur la culpabilité de l'agent, c'est-à-dire qu'il apprécierait les preuves. D'autre part, la sentence indéterminée ne semblant applicable qu'à certaines catégories de criminels, il y aurait une sélection à faire, et cette sélection où serait-elle faite, sinon dans le prétoire du tribunal?

Sans insister sur ce point sur lequel, d'ailleurs, nous reviendrons, nous allons étudier la participation du jury dans un système de sentences *relativement indéterminées*, selon l'expression de M. van Hamel. Au premier abord, il peut sembler que l'indétermination soit la négation même de l'intervention judiciaire. Là où règne l'arbitraire administratif, on croit volontiers que le rôle du juge sera singulièrement simplifié. On a spirituellement plaisanté la situation de ce « malheureux juge » à qui on retirerait ainsi la partie la plus importante de son rôle, l'application de la loi.

Ce n'est là qu'une apparence. En réalité, le rôle du juge serait autrement important et, pour dire toute notre pensée, ne différerait guère de celui que lui accordent nos lois actuelles. Dans un système de sentences indéterminées, en effet, le juge (nous entendons par là les jurés aussi bien que les magistrats) aurait à statuer non seulement sur la question de fait, mais encore sur la peine elle-même, car il devrait résoudre trois questions :

1° (Question de régime). — Y a-t-il lieu de faire à l'accusé l'application d'une peine indéterminée ?

2° (Question de durée) — Quel sera le maximum (ou le minimum) de la peine ?

3° (Question de libération) — L'accusé mérite-t-il d'être remis en liberté ?

Régime et durée de la peine à fixer *a priori*, d'une part ; époque de la libération à déterminer *a posteriori*, d'autre part, telles sont les trois questions, comme nous allons le démontrer, qu'il appartiendrait au juge de résoudre. N'est-ce pas appliquer la peine tout entière ?

. Nous allons voir le rôle qu'il appartient d'accorder au jury dans la solution de ces trois questions.

1° *Question de Régime* — La sentence indéterminée (absolument ou relativement) ne saurait être considérée comme une peine propre à tout délinquant. Quelqu'il soit, le crime pourra toujours être puni d'une peine qui ne serait pas fixée à l'avance ; le criminel, non. « Le plus mauvais service qu'on puisse rendre à la sentence indéterminée, écrit M. Frédéric Lévy, c'est de la présenter comme une panacée universelle que la science pénitentiaire doive appliquer indifféremment à toute sa clientèle. » (1). Il y aura toujours un certain nombre de criminels pour lesquels il faudra un système pénal autre que l'indétermination. Celle-ci ne saurait s'appliquer qu'aux délinquants anormaux, aux dégénérés, aux neurasthéniques, dit M. Prins ; aux mineurs disent beaucoup de criminalistes, aux « incorrigibles » répondent d'autres. Au contraire, il faut conserver la peine de droit commun pour les normaux, les majeurs, les délinquants susceptibles d'amendement. Mais surtout, comme on l'a fort bien démontré, il y a toute une classe de délinquants pour lesquels il faut absolument qu'une peine préfixe soit indiquée d'avance dans le Code pénal. L'idée d'indétermination, en effet, est exclusive de l'idée d'intimidation, du moins pour la grande majorité. Les criminels d'occasion, les délinquants de hasard ne

(1) Frédéric Lévy, *Des Sentences indéterminées.*

sont pas des pervertis ; ce ne sont pas non plus des indifvidus qu'il soit nécessaire d'amender. Ils ne sont pas mauvais, le plus souvent ils ne sont que faibles. Il faut les empêcher de se laisser entraîner, en les effrayant par la sévérité soit physique, soit morale du châtiment, c'est-à-dire par une peine *apparente*. La peine qui leur convient ce sera la peine inscrite dans le Code, connue par tout le monde : le droit commun. M. von Liszt dans sa classification des peines relativement au but vers lequel elles doivent tendre, distinguait les peines intimidantes, des peines d'amendement et de sûreté ; les premières servant aux délinquants qui n'ont pas besoin d'être amendés parce qu'ils ne sont pas dépravés. Pour celles-ci, l'éminent professeur, qui pourtant basait tout son système sur les sentences indéterminées, proposait de conserver le droit commun comme étant seul suffisamment intimidant (1).

Dans ces conditions, ne voit-on pas que la peine indéterminée devient une peine spéciale, réservée seulement à certains délinquants, on pourrait presque la dénommer : *une peine parallèle*.

Elle serait réservée aux jeunes délinquants, enfants du vice, n'ayant eu sous les yeux que de mauvais exemples, intelligences à ouvrir à l'idée du bien, âmes à élever à l'idée de l'honneur. Ou encore, on la garderait pour les récidivistes dangereux, pour ceux qu'on appelle (à tort ou à raison) les « incorrigibles ». Ou plutôt, elle s'appliquerait au uns et aux autres, suivant un régime approprié, à la fois peine de réforme et peine de sûreté.

Il y aurait donc, comme nous le disions tout à l'heure, une sélection à faire : Après avoir statué sur la culpa-

(1) *Der Zweckgedanke im Strafrecht.*

bilité, le juge statuerait sur l'internement. C'est une première question d'individualisation judiciaire et par conséquent, une question à résoudre par le juge : Y a-t-il lieu de faire application à l'accusé de la peine indéterminée ?

Mais cela suppose déjà un premier point résolu, à savoir : que le jury participerait à l'application de la peine d'une façon bien autrement complète qu'il ne le fait aujourd'hui.

Les indéterministes se sont généralement fort peu préoccupés de la façon dont on pourrait concilier avec leur système la nécessité d'introduire l'élément laïc dans la justice criminelle. Ou plutôt cette question du jury n'en était pas une pour eux : presque tous étaient persuadés qu'il était nécessaire d'écarter le jury de l'individualisation de la peine. Nous avons expliqué pourquoi une pareille prétention était irréalisable. Il serait superflu de répéter les dangers d'un pareil système. Concluons donc en observant qu'il est absolument nécessaire que, de concert avec les magistrats, les jurés statuent sur la nature de la peine qu'il y a lieu de prononcer.

2° Question de durée. — La plus grande objection qui ait été faite à notre système c'est que l'idée même d'indétermination était incompatible avec la justice par jury. Alors même, disait-on, qu'on permettra au jury de statuer sur la question de régime, il ne pourra pas statuer sur la question de durée puisque celle-ci ne sera fixée que pendant l'exécution de la peine. Or, ajoutait-on, le jury n'aura jamais assez de raison pour comprendre que c'est à l'administration pénitentiaire qu'il faut laisser le soin de constater l'époque de l'amendement, c'est-à-ider de fixer le terme de la peine. Nous reconnaissons volontiers la valeur de cette observation et nous croyons, en effet, que placé en face de l'indétermination absolue de la durée de la peine, le jury acquitterait presque toujours plutôt que d'emmurer peut-être pour la vie un homme qui ne lui semble pas indigne de pitié.

Mais, cela ne prouve qu'une chose : c'est qu'un système aussi absolu est impossible à mettre en pratique. L'opinion publique tout entière se révolterait contre une législation basée sur de pareils principes, et c'est précisément pour ce motif que le jury, qui en est l'expression, refuserait de prononcer des condamnations de ce genre.

Il en est tout différemment, au contraire, avec la sentence relativement indéterminée qui permet au juge de se rendre compte du maximum de durée de l'incarcération. « Fixation d'une peine minimale, fixation d'une peine maximale » voilà, dit M. van Hamel, les deux conditions de la sentence indéterminée.

Ces deux termes de la peine peuvent être fixés de trois façons différentes :

Un premier système laisse au juge le soin de prononcer le maximum, la loi établissant, par avance, un minimum pour chaque catégorie de crimes. C'est le système américain.

Un second système (qui semble de beaucoup préférable parce qu'il ne laisse aucune place à l'arbitraire) consiste à fixer légalement le maximum et à laisser à l'autorité judiciaire le soin d'indiquer le minimum. C'est le système norvégien.

Enfin, dans un troisième système présenté par M. Saleilles et qui a pour but de concilier les deux précédents, la loi fixe le maximum de la peine pour chaque classe de délits et le juge prononce une peine spéciale mais à un taux normal semblable à celui d'aujourd'hui.

Dans tous les cas, le juge est maître, dans une certaine mesure seulement, il est vrai, mais dans une mesure importante, de la durée de la pénalité. Mais, quand nous parlons du « juge », il est bien entendu que nous comprenons, dans ce mot, les magistrats de profession et les magistrats populaires. Les uns et les autres délibéreront et statueront sur la peine. En effet, si les magistrats, seuls, statuaient sur la pénalité il ne serait pas impossible, évidemment, de concevoir le moyen de conserver le jury, mais ce serait faire un brusque retour en arrière et revenir à la deuxième phase de l'évolution des pouvoirs du jury, au Code d'Instruction criminelle et à la loi du 25 juin 1824. Puisqu'un semblable système n'a pu fonctionner, pourquoi un nouvel essai qui ne peut être que désastreux ? Le jury prétend avoir le droit de s'occuper des conséquences de ses décisions. Ces conséquences ne comprennent pas seulement la fixation de la nature de la peine (question de régime) mais encore — on pourrait dire : surtout — l'établissement des deux termes de l'emprisonnement (question de durée).

Jusqu'ici, le jury n'a pas encore participé à l'application de la peine à proprement parler, ou plutôt il n'y a participé que d'une façon éventuelle ; il a statué *a priori*.. Le propre de la sentence indéterminée étant de faire dépendre la peine de la conduite du condamné pendant le temps de son internement, nous allons voir quel serait le rôle du jury dans la question de libération.

3° *Question de libération*. — La grande question que soulève le système des sentences indéterminées, c'est la libération. Par cela même que la peine n'est pas déterminée à l'avance par le juge, par cela même qu'une marge relativement considérable sépare le minimum du maximum de la détention possible, la fixation du terme de l'emprisonnement acquiert une importance considérable. C'est l'autorité qui a le droit de statuer snr ce terme qui est le véritable juge du criminel, le pouvoir individualisateur par excellence.

Est-ce l'administration ou bien le pouvoir judiciaire qui statuerait?

L'administration pénitentiaire est chargée de faire exécuter les arrêts de justice, en faisant subir aux condamnés les peines dont ils ont été frappés. Il en résulte qu'au premier abord, il semble qu'elle ne puisse avoir aucune compétence pour déterminer la peine. Aussi, a-t-on toujours proposé de donner une très large place au pouvoir judiciaire dans le jugement de la question de libération. On a fait ainsi de la sentence indéterminée un procédé d'individualisation presque exclusivement judiciaire.

Comment serait prise la décision relative à la libération?

M. Von Liszt a proposé une Commission spéciale composée de plusieurs fonctionnaires de la maison d'amendement et d'un certain nombre de magistrats. C'est aussi à cette solution que vient de se ranger M. Van Hamel. L'un et l'autre reconnaissent que pour qu'un tel système puisse convenablement fonctionner, il est de toute nécessité que les services pénitentiaires soient rattachés au ministère de la justice. On a même proposé de « multiplier le nombre des juges, les uns restant à l'audience, les autres occupés dans les prisons; on y enverrait les assesseurs qui perdent, dit-on, leur temps au tribunal ». (1).

Dans un pareil système, serait-il possible de réserver

(1) Frédéric Lévy, *op. cit.*

à l'élément populaire un rôle quelconque dans l'appréciation du moment de la libération? Nous verrons tout à l'heure que le projet de Code pénal norwégien a été de cet avis et qu'il adjoint aux trois fonctionnaires, deux jurés hommes ou femmes qui tous ensemble forment le « Collège pénitentiaire » chargé de statuer sur le terme de la peine.

Mais ce système des Commissions prête à de vives critiques que M. Larnaude a fort bien exposées. Il en arrivait à cette conclusion que, pour « se tenir d'accord avec les principes les plus élémentaires de notre droit public, il faudrait que l'on fit statuer exclusivement par un tribunal et dans les formes judiciaires, sur la question de libération (1) ». Sinon, ce serait, disait-il, « sacr.fier ..... le grand principe qui fait le corps judiciaire gardien de la liberté individuelle ». C'est le procédé qu'avait proposé, tout d'abord, M. van Hamel et qui est encore préconisé par un parti important de ses disciples. Et alors, se pose de nouveau la question du jury. Comment le juge provisoire, le juré participerait-il à la détermination de sa propre sentence ? Théoriquement, il semble que ce serait le même juge qui devrait « poursuivre, compléter et déterminer sa sentence ». « Ce serait l'idéal, mais ce n'est pas possible (2) », comme le dit très bien M. Cruppi. Ce qu'il importe, c'est que l'élément populaire ait sa part dans le jugement de la pénalité. Il y aura donc lieu de faire comparaître une seconde fois le condamné devant une Cour d'Assises. — Est-il besoin de faire observer qu'il est, dans ce cas, absolument nécessaire de permettre aux jurés de délibérer et de statuer avec les magistrats sur tous les points du procès. Seul, le concours de l'élément

(1) *Bulletin de la Société Générale des Prisons* ; juin 1899.
(2) *Idem.*

professionnel et de l'élément populaire permettrait d'arriver a une décision équitable entourée de toutes les garanties nécessaires.

Comme nous venons de le voir, rien ne s'opposerait
à ce que le jury fonctionnât dans un système de sentences
indéterminées et même à ce qu'il participât à l'application de la peine, à la condition qu'on lui permît de statuer, de concert avec la Cour, sur tous les points du
procès criminel.

§ 3. *La Sentence indéterminée et le Jury en droit positif*

Du terrain de la théorie, il nous faut maintenant
passer à celui de la pratique.

Malheureusement, l'idée de l'indétermination de la
peine, est une idée trop jeune, trop originale aussi. Elle
heurte trop vivement les idées reçues jusqu'à ce jour, elle
exige des réformes qui ne peuvent être accomplies que
dans une longue suite d'années. Elle ne peut s'introduire
dans nos législations, que petit à petit, de façon à ce que
la nation s'habitue à un système aussi nouveau. Aussi,
n'y a-t-il rien d'étonnant à ce que nous n'ayons pas, quant
à son application au droit positif, des éléments suffisants
d'appréciation.

Tels qu'ils sont, néanmoins, ils ne laissent pas d'être
intéressants. Nous allons les étudier.

Un coup d'œil d'abord sur la législation française.

La libération conditionnelle (celle de nos institutions
qui se rapproche le plus de la sentence indéterminée) est
entièrement confiée à l'administration qui en fait, du
reste, assez mauvais usage. Il y a lieu, toutefois, de
remarquer que c'est le juge qui fixe le maximum. Nous
ne saurions, néanmoins, trop nous appesantir sur ce point.
En réalité, entre la sentence indéterminée et la libération

conditionnelle, il n'y a guère qu'une analogie, non une ressemblance.

Le décret du 9 juillet 1892, « déterminant les formes et les conditions des demandes des relégués, tendant à les faire relever de la relégation », a admis le principe de l'indétermination judiciaire. C'est le tribunal de la résidence du relégué qui statue sur la demande (art. 5; § 1). Ici, c'est le juge mais ce n'est pas le jury qui tranche cette délicate question. Nous ajoutons que rien n'est plus naturel; nous l'avons expliqué plus haut. Mais, c'est le jury, au moins indirectement, qui a prononcé la peine, la relégation. Dans le système que nous avons proposé, le jury statuerait directement sur la peine et par conséquent, sur la relégation. Comme on le voit, la différence ne serait pas bien grande et rien ne s'oppose à ce que, dans un cas semblable, ce soit l'élément judiciaire qui prononce la peine indéterminée laissant à l'élément professionnel (plus stable et par conséquent plus apte à cette fonction) le soin de déterminer le moment où elle prendra fin.

Mais ce qui enlève beaucoup d'importance à nos observations, c'est qu'entre la loi de 1885 ou les décrets relatifs à la relégation, et la sentence indéterminée, il y a un abîme. Et s'il doit être franchi, un jour, ce ne sera assurément pas avant longtemps.

Plus intéressante est l'étude des Législations étrangères, plus accessibles que la nôtre aux idées nouvelles, plus hardies dans leurs innovations.

Comme peine de réforme, la Sentence indéterminée a reçu son application dans différents Etats de l'Amérique du Nord. Mais, là encore, il nous faut bien constater que nous ne sommes en présence que d'un essai, et combien timide! Elmira ce n'est, en réalité, qu'une maison de correction perfectionnée. On n'y envoie que des sujets triés avec soin, tous sont des jeunes gens, tous sont des délinquants primaires. C'est presque une sorte de patronage à qui le juge confie un condamné intéressant et qu'il croit amendable. Le rôle du jury est nul. Nous le reconnaissons. Mais sommes-nous en présence d'un système pénal, d'une législation criminelle organisée? C'est ce qu'il est impossible de soutenir.

Comme peine de sûreté, au contraire, la sentence indéterminée a inspiré un curieux projet de Code pénal que nous allons exposer avec quelque détail.

Les idées que nous avons émises sur la participation du jury à la fixation da la peine, si elles ne sont pas celles de la majorité des criminalistes, ont, du moins, été adoptées par un peuple très épris des questions pénales et qui s'efforce de mettre en pratique l'indétermination.

La Norwège s'occupe, depuis de longues années, de la refonte de sa législation criminelle. Une Commission de jurisconsultes présidée par M. le D\ Bernhard Getz, procureur général à Christiania, a élaboré en 1893 un projet de Code pénal : *Udkast til almindelig borgerlig straffelor for kongerigel Norge* (1).

Ce projet qui a adopté les théories de von Liszt sur le but de la peine, n'a pas hésité à admettre le principe de la sentence relativement indéterminée. Lui aussi, en a fait un châtiment spécial pour certains individus. Mais, pour lui, c'est une peine de sûreté qui doit s'appliquer « aux criminels dangereux », (expression qui lui a semblé plus juste que le mot « incorrigibles). C'est dire qu'il a

(1) Remanié, puis publié en 1896.

admis, dans une large mesure, l'intervention du juge dans le dosage de la peine, sauf toutefois en ce qui con-·cerne la fixation de la mise en liberté (1).

D'une part, il y a lieu de se demander si tel criminel, en même temps que la qualification de *dangereux*, mérite le régime spécial de l'indétermination (2).

D'autre part, il y a une limite maxima à fixer à la peine.

Le jury existant en Norwège depuis quelques années (3), la question se posait de savoir à qui, de la Cour ou du jury, on confierait la double mission dont nous venons de parler.

Dès 1893, dans une discussion de l'Union de droit pénal de Norwège, M. Getz disait clairement : « La reconnaissance du caractère dangereux que présente un criminel est, au premier chef, non une question de droit, mais une question de fait, à la solution de laquelle le jury doit contribuer. Ce sera, tout à la fois, une garantie pour la justice et un moyen de rassurer la conscience publique (4).

La Commission n'a pas hésité à reconnaître au jury les pouvoirs les plus étendus et le projet qu'elle a élaboré adopte un principe semblable à celui que nous exposions plus haut.

(1) Ernst Rosenfeld und Andreas Urbye. — *Entwurf eines allgemeinen bürgerlichen Strafgesetzbuches für das kœnigreich Norvegen 1896.* — Dernier alinéa du § 65. — Cf. le § 24 du projet de 1896 de la Commission chargée de la préparation de la loi réglant l'exécution des peines privatives de liberté.

(2) « Toutes les décisions sur la libération ou la révocation de celle-ci, sont prises par un collège pénitentiaire..... composé du directeur de la prison, d'un juge, d'un membre du ministère public et de deux hommes (ou femmes) de confiance. » — Andreas Urbye. *Revue Pénale suisse* 1898

(3) Une loi de 1887 en avait admis le principe, sinon l'application immédiate.

(4) *Der Norwegische Kriminalistenverein* von Andreas Urbye.— *Bulletin de l'Union internationale de droit pénal,* 1898.

Dans un article fort intéressant qu'il a publié sur cette question, M. Andreas Urbye (1) s'exprime ainsi : « Qui décide si une sentence indéterminée sera prononcée ? D'après le projet, il faut que le jury et la Cour soient d'accord pour l'application de cette mesure et cet accord doit être constaté de cette manière qu'une question spéciale est posée au jury en termes qui correspondent avec le texte de la loi : Le criminel en raison de la nature des crimes.... doit-il être considéré comme particulièrement dangereux ? — C'est seulement lorsque le jury a répondu affirmativement à cette question qu'une peine d'une durée indéterminée doit être appliquée. Par conséquent, il est nécessaire de porter devant le jury toutes les affaires où le ministère public veut proposer l'application d'une telle peine. Il est à remarquer que le ministère public, d'après le Code d'Instruction pénale norwégien a le pouvoir discrétionnaire pour porter devant le jury, au lieu de les déférer à la Cour des Echevins, toutes les affaires criminelles (c'est-à-dire, criminelles et correctionnelles) dans lesquelles une peine privative de liberté peut être prononcée. L'accord du jury et de la Cour formera une garantie très forte contre les abus du système. D'autre part, il n'est pas à craindre que le concours du jury, ainsi rendu nécessaire, n'empêche l'application des sentences indéterminées là où elles sont à leur place. C'est une expérience qu'on a faite chez nous et, je crois, aussi dans d'autres pays (2), que le jury sait très bien apprécier la nécessité des mesures énergiques contre les criminels d'habitude dangereux. »

Ainsi ce pays qui vient à peine d'adopter le principe de

(1) M. Andreas Urbye, substitut du procureur général à Christiana, est le secrétaire de la Commission du Code pénal norwégien.

(2) L'auteur vise ici, principalement, le canton de Genève.

la justice populaire, n'a pas hésité à admettre une participation complète du jury à l'application de la peine dans
un système tout nouveau, basé sur la sentence indéterminée sous sa forme la plus pratique et la plus utile.

Inspiré par le grand mouvement d'individualisation
qui, de plus en plus, guide le droit pénal, le législateur a
donné à sa classification, un criterium nettement subjectif.
Pour qu'un criminel soit réputé *dangereux*, il faut la
réunion de deux ou plusieurs crimes déterminés, mais
il faut aussi que « le criminel, d'après la nature des
crimes ou leurs motifs, ou les sentiments qui se manifestent
par eux soit considéré comme particulièrement dangereux pour la sûreté, la santé, la prospérité *(Wohl)* des
particuliers ». Entre la peine de droit commun et la peine.
spéciale, ce n'est pas le législateur qui choisit *a priori*,
c'est le juge qui se décide *a posteriori* d'après la criminalité : du fait (il est vrai), mais surtout de l'homme qu'il
doit juger.

Les juges, ce sont les magistrats et les jurés collaborant
à l'œuvre de la justice et cherchant par un concours
loyal (que le Projet norwégien considère comme la
première condition d'une bonne justice pénale) le mode
de répression le plus efficace pour chaque délinquant.

Quand le projet sera transformé en loi, ce sera un
essai fort remarquable d'individualisation judiciaire par
le moyen du jury et, à ce titre, il ne laisse pas que de
faire le plus grand honneur aux criminalistes qui l'ont
rédigé.

CONCLUSION

De cette étude nous tirerons une double conclusion ou plutôt nous essaierons de dégager deux idées.

D'une part, nous venons de voir qu'il est très dangereux pour le législateur de raisonner sur des abstractions, de construire un système de procédure sur une fiction, ca il se met ainsi en désaccord avec les faits et avec la conscience publique. On avait confié au jury le droit de juger le fait, en lui refusant celui de statuer sur la peine. Les jurés n'ont pu comprendre une distinction aussi subtile et ils se sont tout naturellement et presque inconsciemment préoccupés de la conséquence qu'entraînerait pour l'accusé un verdict affirmatif. Et, qu'on le remarque bien, ce n'est pas seulement en France que cela s'est produit : on pourrait l'attribuer à l'imitation très défectueuse d'un procédé étranger. Mais, en Angleterre même, dans cette patrie du jury où la distinction existe aussi entre le crime et la peine, le procédé de la disqualification sert fréquemment aux jurés pour atténuer la pénalité en convertissant le crime en un simple délit.

D'autre part, nous estimons qu'il ne faut pas désespérer d'une institution dont le principe est excellent, parce qu'elle donne de médiocres résultats. Nous voudrions qu'avant de songer à supprimer le jury, on essayât de régénérer la Cour d'Assises. Or, pas une tentative n'a encore été faite sur ce point. On a dit que « l'histoire du jury était celle des atteintes successivement portées à la théorie primitive ». Il n'en est pas moins vrai que les

réformes de 1808 et de 1824 ont été absolument insuffi-
santes. En 1832, le législateur sembla s'apercevoir, enfin
du vice principal de la procédure criminelle ; mais, solli-
cité par des tendances opposées, il aboutit à une réforme
trop timide encore et créa une procédure étrange faite de
contradictions et de subtilités, de mensonges et de compromis qui est bien la base la plus pitoyable qu'on puisse
donner à une justice criminelle.

Telle qu'elle est, néanmoins, cette procédure aura eu son
utilité : elle nous a indiqué le remède nécessaire en nous
montrant le moyen de faire participer magistrats et
jurés à une commune délibération. Placés entre leur conscience et la loi, les jurés ont violé la loi. Il ont commencé par montrer au moyen d'acquittements successifs
qu'ils n'entendaient pas se désintéresser des conséquences
de leurs décisions. Peu à peu, ils ont trouvé le moyen de
concilier avec la nécessité de la répression, les exigences
de leur conscience. Ils ont cessé de heurter de front l'obstacle, le jour où ils ont compris qu'il leur était possible
de le tourner. Ils ont invité le président de la Cour à se
rendre dans la chambre de leurs délibérations et ils lui ont
imposé la peine.

Nous avons vu qu'une telle pratique était dangereuse
parce qu'elle était illégale ; mais, ne pourrait-on songer à
la régulariser en la sanctionnant ? « Supprimer cette distinction du fait et du droit, disait M. Beudant, appeler
juges et jurés à délibérer en commun sur tous les points....
serait une réforme bien moins radicale qu'on ne serait
tenté de le croire au premier abord. Le système des lois
de 1791 et de l'an IV n'existe plus qu'en apparence ; en
fait, la Cour et le jury agissent le plus souvent de concert. Les formes de l'organisation primitive subsistent ;

mais l'esprit qui l'animait s'est perdu : il n'en reste aujourd'hui qu'un mécanisme trompeur et un vain appareil. Ne serait-il pas conforme aux intérêts d'une bonne justice de rentrer ouvertement dans la vérité (1)? »

Plusieurs solutions ont été proposées, en ce sens. Selon nous, les unes présentent des inconvénients, les autres, des dangers. Nous avons essayé d'en formuler une qui offrirait l'avantage de ne pas jeter une grande perturbation dans l'organisation actuelle de la justice criminelle. C'est une très modeste pierre apportée aux assises sur lesquelles — il faut l'espérer — on basera un jour une procédure pénale régénérée, plus simple, plus pratique et qui rendra possible un loyal concours entre les magistrats professionnels et les juges populaires.

(1) Beudant, *op. cit.*

Vu

Le Président de la thèse,

SALEILLES.

Vu

Le Doyen,

GLASSON.

Vu et permis d'imprimer.

Le Vice-Recteur de l'Académie de Paris,

GRÉARD.

TABLE DES MATIÈRES

Imprimerie L. COQUEMARD, Angoulême